京都 近代の記憶

場所・人・建築

中川理
Osamu Nakagawa

思文閣出版

はじめに——近代の記憶が詰まった都市——

京都はよく「千年のみやこ」と言われる。確かに平安京ができて千年以上たつ都市である。しかし、平安京の姿そのままの遺構など実はどこにも残されていない。平安京の時代だけではない。秀吉が作った聚楽第《じゅらくだい》はもちろんとして、御土居《おどい》と呼ばれる京都を囲んだ土塁も、今はごく一部をのぞき残されていない。観光寺院の建物も、多くは江戸時代の寺院の復興期に建造されたものだ。町家だって、今残されているのは、ほとんどが明治維新以降に建てられたものである。われわれが今目にする京都の姿は、「千年の……」と言われるほど古くはないのである。

でも、平安神宮があるではないか。確かに、その社殿は平安京の内裏《だいり》の建物を明治時代に再現し神社としたものだ。京都御所もあるではないか。確かに、それも平安京のかつての内裏空間を御苑として整備して再現したものだ（場所は別のところだが）。そう、それらはあくまで再現なのである。実は、ここに京都の近代を考えるおもしろさがある。つまり、京都は「千年のみやこ」を努力して演出し、実体化してきた都市なのである。その努力の時代こそが近代なのだ。

本書に集められているのは、京都という都市が近代化を遂げるさいに起こったエピソードである。それらは、ことごとく今の歴史都市という位置づけを京都に与えるための努力であったと言ってよい。東京遷都により、没落の危機にあった京都が、都市として再興するためには、その努力が何よりも求められたのである。もちろん、都市改造事業やキリスト教の布教や近代主義の建築デザインなど、それまでの京都の歴史とは無縁、むしろそれを乗り越えようとする試みの話も含まれている。しかし、それらも京都の都市としての強固な歴史の力を前提にしている。そして、結果的にではあるが、その歴史の力に新たな魅力を与えることにつながっているのである。

近代化とは、端的に言って個人と都市が直接向き合うようになる過程であると言える。近世までの都市空間は、武家、公家、寺院、町方など複数の支配構造が機能し、人びとはその共同体的な閉ざされた世界の中にとどまっていた。近代国家の成立により、都市は細部に至るまで行政による一元的な管理が目指されるようになるが、一方で、都市住民は共同体的な身分や規制からは解放されることになる。そこで、住民はそれぞれが自立して都市に向き合うようになるのだ。

だから、本書に集められたエピソードも個人の名前が数多く登場することになる。といっても、これまでの京都の近代史の記述に登場する市長や政治家だけではない。京都の近代化に自らの強い意志を示しさまざまな事業をリードした、技術者や資産家や建築家など、これまであまり注目されてこなかった人物も数多く登場する。近代という時代は、こうした多くの個人の意志により都市が変革されていくのである。しかし、そのためにその歴史を記述しようとすると、多くの物語を集めることが必要となる。しかも、それらの相互の関係性を示すことが困難な場合も多い。

本書は、もともと二つの新聞の連載を集めたものである。連載を始めるにあたり、限られた分量の原稿を重ねていくという読み切りのスタイルなら、そうした多くの物語を並列させ記述する試みができるかもしれないと考えた。歴史の記述は、常に大きな物語を構築し、その中に小さな物語を落とし込んでいくことが求められるが、それとは違う書き方ができるかもしれないと考えたのだ。各回の新聞に掲載できる原稿量は限られているため、エピソードによっては、細部に踏み込んだ説明ができていないものもある。しかしそれでも、あえて各回の原稿量を同じにすることに意味があると考えた。多くの物語を並列的に示すことで、その集積により京都の近代という大きな物語の全体像を浮かび上がらせることにつながるのではないかと考えたのである。

といっても、それはちょっと言い訳になってしまっているのかもしれない。改めて、読み直してみると、やはりエピソードごとにグループ化をしたくなってしまった。やはり大きな物語化に向けた仕掛けは最低限必要と考えたのである。そこで、そのグループ化した意図を、それぞれの冒頭にまとめている。この部分もぜひ読んでみてほしい。

なお、それぞれの記述は、原則として新聞に掲載した時点のままとした。場合によっては、すでにタイミングを失ったと思われる記述も含まれるが、それもあえてそのままにしている。掲載時の状況や雰囲気を感じてもらえればと思う。

それではさっそく、京都の近代のさまざまな時間や場所に出かけることにしよう。それは、いまある京都の魅力の本質がどのように作られたものかを理解する旅になるはずである。

京都 近代の記憶──場所・人・建築◆目次

Ⅰ　近代化の舞台となった岡崎

京都の近代化を最も体現しているのが、鴨川の東に広がる岡崎という場所である。まずは、この岡崎に残るいろいろなモノや場所を紹介しよう。

近代化を象徴すると言っても、岡崎にはそれ以前からの歴史がある。九世紀から一一世紀にかけて、いまの岡崎には、藤原摂関家の別荘白河殿が所在していた。別荘は白河天皇に献上された後、歴代の天皇により周囲には次々と六つの寺院（六勝寺）が建立された。いまの岡崎公園のあたりは、ほとんどがこの六勝寺の境内にあたる。中心となる法勝寺には、八〇メートル以上の高さを誇る八角九重塔もそびえ、周囲は寺院が並ぶ特異な景観を作っていた。しかし南北朝内乱や応仁の乱などで寺院は焼失し、荒廃した。その後、近世には武家屋敷が並んだが、明治維新でこれもほとんどが消滅してしまい、岡崎は畑地が広がる場所となった。

それがなぜ近代化を象徴する舞台となるのか。その最初の契機となるのが、琵琶湖疏水である。京都の近代策に奔走した二代京都府知事・槇村正直《まきむらまさなお》は、「旧弊打破」、「迷信一掃」を掲げて殖産興業により京都の街を急速に近代化することを目論んだ。しかし、その後に知事となった北垣国道《きたがきくにみち》は、琵琶湖疏水事業を成功させた知事として知られることとなった。殖産興業政を目指したのは、槇村と同様であったが、北垣はその基盤整備として琵琶湖疏水事業に傾注したのである。京都の伝統的な産業や市民社会へ働きかける近代化政策ではなく、近代化を支える基盤を作ろうとしたわけだ。そして実際に、明治期のわが国の土木事業を代表するプロジェクトであった琵琶湖疏水事業は、東京遷都により衰退した京都が、さまざまな意味において復興する契機となった。

そこで、この疏水の琵琶湖からのトンネルの出口となった岡崎は京都の近代化を担う場所として、大きく生まれ変わることになるのだが、結果的にそれは単純な産業都市化を目指す方向に向かうことにはならなかった。この点が、京都の近代化の過程を見ようとする時に最も興味深い点になる。当初は琵琶湖疏水が運んでくる水力や水運を利用して、岡崎は興業の拠点になることが期待されたが、その期待通りにはならなかった。それだけ見れば、岡崎は近代化の失敗を示す場のように映る。しかしその一方で、博覧会がやってきて平安神宮が創建され、日本庭園を持つ別荘群が形成され、そして多くの文化施設が建設されるようになる。しだいに京都の歴史性と近代が重層する特異な場所になっていくのである。

かつて白河殿を中心に、中心部とは別の政治的中心地として栄えた場所が、今度は文化都市の中心地として違う形で蘇ったのである。ただしそれは、みやこでなくなった京都が都市として生き残っていくために必要な仕掛けでもあった。そこには、歴史都市として京都が再生するためのさまざまな企図が埋め込まれていたのである。

1　近代化を可視化した琵琶湖疏水

明治二三年に完成した琵琶湖疏水が、京都の近代化を象徴する大事業としてあったということは、京都市民なら誰でも知っているだろう。そして、その疏水の設計を手がけたのが、田辺朔郎《たなべさくろう》という土木工学者であったことも多くの人が知っているはずだ。

しかし、疏水のデザインの多くは別の人物が手がけていることはあまり知られていない。南禅寺の境内にある煉瓦の水路閣のデザインは、古刹の風情を損なうと建設当時は反対意見もあったほどで、明らかに西洋、とりわけ古代ローマの水道橋を真似たものだ。

琵琶湖から京都まで、疏水の三つのトンネルの出入口も、古典系の西洋の様式で入念にデザインされている。

これは、どう考えても土木技術者の仕事ではない。最近判明したことだが、それは小原益知《おばらますとも》という建築家の設計であった。田辺朔郎が疏水のトンネルは「美術をやっ

水路閣　ローマの水道橋をイメージさせる
（1888年竣工／設計 田辺朔郎）

たらどうか」と考え、当時、滋賀県庁舎（わが国初めての洋風庁舎として評価されたもの）の設計にたずさわっていた、同じ工部大学校（現・東京大学工学部）出身の建築家にデザインを依頼したのである。

田辺はなぜ西洋風の「美術」をやろうとしたのだろうか。

琵琶湖疏水の成功は、当時の府知事・北垣国道の執念によるところも大きい。彼は、琵琶湖疏水により、なんとしても京都を近代都市によみがえらせたかった。前任の槇村正直も、必死に京都の西洋近代化に取り組んだ。旧弊打破、迷信一掃を合い言葉に大文字《だいもんじ》の送り火も禁止しようとさえした。

彼らは、東京遷都によって疲弊した都市を再生させるには、一気呵成《かせい》に西洋近代化を成し遂げるしかないと考えたのだ。北垣はそれを目に見える形で示そうとした。琵琶湖疏水の西洋風デザインは、まさにそのための「美術」であったと了解できよう。

しかし、その近代化は、その後大きく舵を切っていくこととなる。その変化のようすも、その後の岡崎という場所の変貌に読み取ることができるのだ。

第三隧道入口　西洋の様式デザインで演出された琵琶湖疏水。（1885年竣工）

2　工場用水から日本庭園の水へ

琵琶湖疏水の水と岡崎との関係を考えてみよう。明治二三年に完成した琵琶湖疏水は、建設工事が始まった時点では、鹿《しし》ケ《が》谷《たに》かいわいを工場地化することが、その大きな目的となっていた。琵琶湖から引いた水で水車を回して、その動力で工場を立地させようしたのである。

その後、米国の水力発電を視察し、蹴《け》上《あげ》の発電所を建設することとなったため、工業地化は実現しないこととなった。

平安神宮の神苑　琵琶湖疏水の水が使われている。（1895年造営／作庭　小川治兵衛）

では、琵琶湖疏水の豊富な水は、岡崎かいわいには何ももたらさなかったのだろうか。実は、工場地化からは考えもつかなかった用途に、琵琶湖疏水の水は使われるようになっていくのである。

明治二八年に、岡崎では第四回内国勧業博覧会が開催されている。第三回まで東京上野で開催されていたものが、関西では初めて京都で開催された。それは、平安遷都一一〇〇年記念祭に合わせた開催であった。つまり、この頃から、平安京の歴史がアピールされていくのである。博覧会に合わせて、会場の北側に平安京の内裏の建物を再現し、桓武天皇をまつる平安神宮も創建された。

ちょうど同じ時期から、琵琶湖疏水の水は、岡崎かいわいに作られる日本庭園の水として使われるようになっていく。それを仕掛けたのは、実業家・塚本与三次《つかもとよさじ》と、庭師の小川治兵衛《おがわじへえ》（七代目）である。

東山を借景にした山県有朋の別邸・無鄰菴の庭園
（1896年造営／作庭　小川治兵衛）

彼らは資産家向けに、小川治兵衛作庭の日本庭園付きの邸宅・別荘を次々と手がけ、岡崎かいわいは、しだいにそうした邸宅の集まる場所として知られるようになっていった。琵琶湖疏水の水を邸宅群にめぐらすネットワークも構築されるまでになる。

琵琶湖疏水の豊富な水は、小川治兵衛の独創的な庭園デザインも生み出した。日本庭園は水の表現が必須だが、彼の作庭では、豊富な流水を使った流れる水のデザインが目立つようになるのだ。こうした新しい庭の風景にこそ、「歴史都市」に向かう近代京都の姿が象徴されていたと言えるだろう。

3 西洋式洞窟

洞窟を紹介しよう。京都南禅寺かいわいで琵琶湖疏水の水を使った庭園のうち最大規模を誇る邸宅に掘られた洞窟だ。

戦前の京都を代表する実業家に稲畑勝太郎《いなばたかつたろう》がいる。フランスから持ち帰った技術で、日本で最初に映画上映を実現させたことでも知られる人物だ。この邸宅は彼が、明治の中ごろに南禅寺南側に広大な敷地を得て作ったものだ。そこに隧道《ずいどう》(トンネル)として掘られたのがこの洞窟なのだ。

何のための洞窟か。古代から西洋では、庭園内に景物として洞窟を設《しつら》えることが行われてきた。とりわけルネサンス期には、グロッタの名称で広く流行した。規模は小さいものの、この洞窟も、その趣味を日本の邸宅に用いたものだと考えられる。実際、戦前にこの邸宅を説明した文章にも「伊太利風のグロット式隧道」と記されている。

しかしながら、邸宅の敷地の設計は、近代作庭家のパイオニアであり、南禅寺かいわいの別荘邸宅も数多く手がけた小川治兵衛によるもので、近代的なセンスはうかがえるものの基本的には日本庭園となっている。ただし、大正期に、建築家・武田五一《たけだごいち》設計による洋館が建てられていて、この洞窟も武田の設計によるものであることが、史料などでもうかがえる。武田は、京都帝国大学建築学科の初代教授を務め、戦前期の関西で最も活躍した建築家の一人であり、西洋のさまざまな建築スタイルを積極的に紹介したことでも知られている。

最近になって、この邸宅の現在の所有者が、不定期だが公開を始め、この洞窟も初めて見ることができた。武田の設計した洋館も含めて、庭も建物もほとんどのものが残されている。茶室やあずまやが点在する洗練された日本庭園に、洋館や西洋趣味の洞窟。そうした和洋のさまざまな要素が混在しながら、それでいて落ち着いた景色を作り出している。戦前の近代建築にわれわれが魅力を感じるのは、こうした多様な要素をなんでも取り入れようとした姿にあるのではないか。

なお、その後この邸宅はアメリカ人実業家の手にわたり、大がかりな修復が加えられ、武田設計の洋館は、京都工芸繊維大学に移築されることが決まった。

旧稲畑邸の洞窟　大正期に邸宅内の山を貫いて作られたトンネル。（著者撮影）

4 博覧会を契機として成立した歴史都市

京都市の観光客数がついに五〇〇〇万人を突破した。では、京都が観光都市としてスタートしたのは、いつだったのだろうか。

もちろん、近世にも公家の存在と彼らによる行事は、貴重な観光資源となり、多くの人びとが京都に訪れていたという。しかし、今のような観光都市・京都のイメージが形成されるようになったのは、おそらく明治二八年からであったと思われる。

この年に、関西で初めての開催となる第四回内国勧業博覧会が岡崎で開催され、隣接して平安神宮が創建された。平安神宮の社殿は、平安京の内裏の建物を再現したものである。そしてこの年は平安遷都一一〇〇年記念祭も開催された。つまり、平安京に由来する「歴史都市」というイメージがこの年にことさら強調されるようになったのである。

千年以上続いてきた「みやこ」の存在は、近代国家としては新

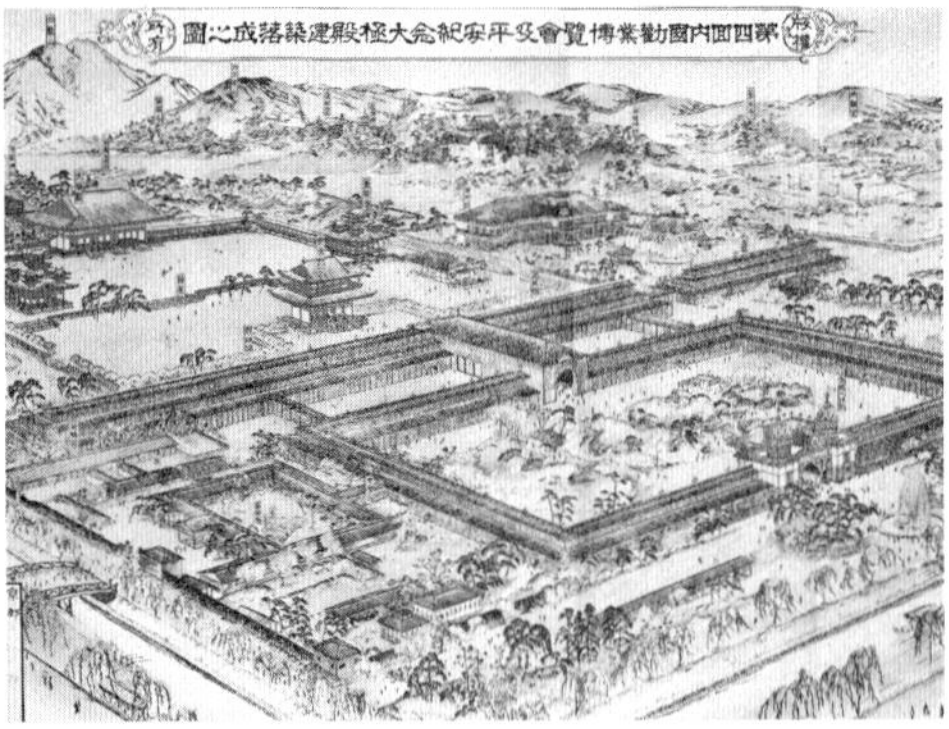

第四回内国勧業博覧会錦絵　琵琶湖疏水、平安神宮も描かれている。(「第四回内国勧業博覧会及平安紀念大極殿建築落成之図」)

興国である日本にとって、国家の歴史を体現する意味で、なにより求められる要素として重要なものとなる。公家出身の政治家・岩倉具視《いわくらともみ》は晩年の明治一六年に、皇室の「旧慣」を保存すべきという意見書を提出し、平安京を作った桓武天皇をまつる平安神宮の創建を訴えている。京都を東京とは別のもう一つの「みやこ」として位置づけることを求めたのである。

　そうした位置づけをイベント化したのが、明治二八年だったわけである。そして、実際にこのイベントを契機に「歴史都市」のイメージは決定的なものとなり、多くの観光客が集まるようになった。廃仏毀釈以降、荒廃していた寺院が、博覧会の開催を契機に相次いで修繕や再建を実現させる。鉄道や汽船（瀬戸内海）による観光交通網が整備され、博覧会のための割引切符も発売された。さらに京都の観光案内書も、それまで年に四、五冊だったものが、この年には三三冊も出版されている。まさに、観光都市・京都の誕生であった。

　そして、その誕生の場所が岡崎であった、ということにも注目すべきである。かつての白河殿や六勝寺、近世の武家屋敷群などもなくなってしまった場所だからこそ、新しい「歴史都市」の幕開けに相応しい場所となったのである。

平安神宮大極殿　平安京の朝堂院を８分の５の規模で再現した。国指定重要文化財。
（1895年竣工／設計 木子清敬、伊東忠太）

5　財閥が彩る住宅文化

岡崎かいわいは、明治二三年に琵琶湖疏水が完成した後、平安神宮が創建されるなど、「歴史都市」を代表する場に変貌していった。その後、その「歴史都市」に魅了された実業家や財閥が多くの邸宅・別荘をかまえるようになる。

邸宅は、和風を基調として日本庭園を囲い込んだものが多かったが、一部には西洋の意匠を巧みに取り入れるものも登場するようになる。そして、そうした邸宅群は、独自の住宅文化を岡崎の地に根付かせることになった。

その代表が、藤井紡績の創業者・藤《ふじ》井《い》善助《ぜんすけ》とその一族である。藤井は、大正一五年に自ら収集した中国美術品コレクションを展示する個人美術館（藤井有鄰館《ゆうりんかん》）を、岡崎に完成させている。そして、善助の次男で藤井商店の創業者である藤井彦《ひこ》四郎《しろう》が、同じころから、一万数千坪におよぶ土地を鹿ケ谷に取得して住宅地として開発を始め、そ

独特なデザインを持つ旧和中庵
（現・ノートルダム教育修道女会）

の一部に自らの邸宅「和中庵《わちゅうあん》」を昭和二年に建設した（ノートルダム修道院としてその一部が残されている）。さらに、その藤井彦四郎の次男の藤井繁治郎《しげじろう》も、隣接して昭和一一年に住宅を建設している（この住宅も現存）。

そして驚かされるのは、この一連の藤井一族が手がけた建物が、いずれも建築的に興味深いものばかりであることだ。藤井有鄰館は、戦前の京都で最も活躍した建築家で、京都帝国大学教授の武田五一による独自のスパニッシュ様式だ。藤井彦四郎邸も、武田の関与も考えられる独特の和洋折衷のデザインである。藤井彦四郎邸は、本人が好きだった船の意匠を大胆に取り入れた鴻池組による設計で、現在国登録有形文化財となっている。

藤井有鄰館　独自な意匠が異彩を放つ。
（著者撮影）

「歴史都市」は、日本国が、自らの歴史をアピールする場として必要とされた都市である。しかし、そうして成立した「歴史都市」京都であるにもかかわらず、必ずしも日本風の意匠が都市を埋めようとしたわけではなかった。「歴史都市」に導かれた人びとは、西洋近代のセンスも積極的に持ち込もうとした。そして、その和洋が併存する姿は、現在とても京都に馴染んでいるのである。

6 祝意を示す場

これまで、京都の近代を発信した場所として岡崎地区を紹介してきたが、そうした歴史的経緯をふまえて、人びとは岡崎という場所をどのように利用したのか。そのことを見ておこう。京都市民にとって、岡崎は祝意を示し集う特別な場所であり続けたのだ。

岡崎のシンボルとなっているのは、すでに国登録有形文化財にもなっている平安神宮の大鳥居であろう。昭和三年に建設されたものだが、なぜこのように大きな鳥居が必要とされたのか。それは、これが昭和天皇即位の際の昭和大礼の記念として作られたものだからだったと言ってよい。

すでに紹介したように、近代において岡崎が注目される契機となったのは、明治二八年の第四回内国勧業博覧会開催と平安神宮の創建である。それ以降、岡崎は、近代京都におけるさまざまな事業を祝すイベント会場になっていった。たとえば、日露戦争の戦勝祝賀などでも岡崎はその祝賀会場とし

遼陽会戦戦勝祝いの電飾塔　平安神宮前に設置された。
（『日出新聞』明治37年9月4日）

平安神宮大鳥居　　24mの高さを誇る。

て利用され、熱狂する多くの市民が集ったようだ。そして興味深いのは、その集う人びとのシンボルとして、巨大な塔が設置されていることである。遼陽会戦の戦勝祝賀では、平安神宮の前に万歳塔なる電飾塔が設置され、夜にはイルミネーションで飾られていたことが、当時の新聞で報じられている。四条通や烏丸《からすま》通の拡築や市電敷設を実現した都市整備事業（三大事業）の完工式も、岡崎で盛大に行われた。そして、やはりここでも、竣工祝賀会に二二メートルにおよぶ巨大なアーチ門が作られている。

こうした歴史を踏まえると、昭和大礼の祝意を示すために作られた平安神宮の大鳥居も、そのシンボルとして巨大なものとなったということが了解できるであろう。近代国家と近代都市が成立すると、多くの場面で人びとがこぞって祝意を示すための場が必要とされるようになる。しかし、人びとの生活が高密度に形成されてきた京都の町中では、そのような場所が見当たらない。近代都市を象徴する場所としての岡崎は、まさに近代の京都の人びとが集うために必要な場所にもなっていったのである。

Ⅱ 場所と空間・建築

日本の都市において、近代化とは、都市住民が近世までの共同体的な身分や規制から解放されることを意味したが、その一方で細部に至るまで都市行政による一元的な管理が実現していく過程でもあった。つまり、人びとは都市内を広く見渡し移動する自由を得るが、都市全体を管理しようとする行政の管理下に置かれることにもなっていく。そこで、都市の中のさまざまな場所に、それぞれ近世までとは異なる意味づけが与えられていくことになる。そして、いくつかの場所では、近代化の過程を象徴する、いままでになかった新しい空間や建築を生み出していくのである。

幕末の京都は、計画的に作られた平安京の整然とした空間構成とはまったく異なるものになっていた。武家と公家の屋敷、寺社の境内地、そして町人の町家がモザイクのようにはめ込まれた都市空間に変質していた。明治維新は、その多様な権力が複合するモザイク状の都市支配のあり方を解体することとなった。

江戸時代の京都の街は、幕府の直轄都市として京都町奉行によって行政が行われていた。それが、王政復古ののちに廃止されると、すかさず市中取締所が開設され、それが京都裁判所（現在の「裁判」ではなく民政を管理統括するという意味での裁判所）と改称され、さらにそれが京都府となった。つまり、都市行政の権力が登場し、それにしたがい都市空間も一元的な管理が行われるようになっていったのである。

ただし、その管理下で都市全体の空間が計画的に考えられていくのは、だいぶ後の話だ。

明治三一年に初代の京都市長が誕生して、初めて現代の都市計画事業と同様の都市改造事業が議論されるようになっていく。それまでも京都府による、建設行為の規制や誘導はあったが、その時点で実際に空間を変容させていく主体となったのは、個々の住民であり宗教者であり、デベロッパーであった。彼らは、東京遷都によって無用となった武家屋敷や公家屋敷、あるいは、既存市街地の周囲に広がる田畑など、特定の場所を確保し、個人の意思に基づいて開発行為を展開していったのである。

ここでは、その結果として、近代化を象徴する場所として特異な景観が作られていった、あるいは作られようとした場所を紹介しよう。そうした場所は、京都市による都市計画事業が進んでいった後にも、そのインフラを利用しながら、さらに広がっていった。それにより、モザイクのように多様な支配権力によって作られる空間構造はなくなっていくのに対して、一方で、自由を得た個人や組織の意思による空間形成が実現していくのである。そして、そこにも歴史都市・京都が表れてくる。それはとりわけ、建築や景観の表情となって表れてくるのである。

7　芸術が町を作る

明治末から、東京や大阪では、大規模な郊外住宅地の開発が行われていくが、そもそも大阪のような工業都市化による環境悪化もなく、しかも郊外電車を敷設するような広大な郊外地も存在しなかった京都では、大規模な郊外開発はほとんど進まなかった。

しかし、町家に暮らす伝統的な暮らしとは異なる、新しい生活スタイルを郊外に求める動きは、確実に広がっていた。それは、いかにも京都の都市のあり方を象徴する動きとして興味深い。その動きで最も特徴的だったのが、画家や芸術家の郊外居住である。

たとえば、北区等持院《とうじいん》かいわいには、大正元年ごろに日本画家の木島桜《このしまおう》谷《こく》が、市内中心部からこの地に転居して以来、画家を中心とした人びとが集住し、「絵描き村」とさえ言われる住宅地が形成された。あるいは、大正七年に洋画家の鹿子木孟郎《かのこぎたけしろう》が下鴨神社近くに来住したことから、続々と近くに画家が住みはじめ、「下鴨会」なる画家の団体も結成され、下鴨は「日本のバルビゾン」とさえ呼ばれるにいたった。

画家・木島桜谷の住宅収蔵庫(現・桜谷文庫)　国登録有形文化財。　(1913年竣工／設計不詳)(著者撮影)

ほかにも、今熊野《いまくまの》、衣笠《きぬがさ》、銀閣寺、修学院、上賀茂、嵯峨野《さがの》など、画家や工芸家など芸術家が集まって住む郊外の街が、大正から昭和にかけて京都の郊外に形成されていったのである。それらの街は、明治末からの街路拡築・市電敷設を前提としている。芸術家たちは、それにより広がった郊外という場所を、新しい生活や制作の場として発見したのである。

したがって、そこでの居住形態も、伝統的なスタイルに縛られるものではなかった。等持院には、京都高等工芸学校（現・京都工芸繊維大学）の教授もつとめた建築家の本野精吾《もとのせいご》も居を構え、周囲の画家たちの住宅も設計している。

本野はわが国で最も早くコンクリートをむき出しにする建築に挑んだモダニストであり、大正一三年に作った等持院の自邸も、コンクリートブロックを使ったきわめて前衛的なものであった。郊外の芸術家が集う街は、そうした前衛を受入れる場所として必要とされたのである。

こうして、京都における郊外居住は、画家や芸術家がリードする形で、一つの新しい生活文化として定着していくこととなった。

コンクリートをむき出しにした本野精吾邸

8 建築博覧会となった同志社キャンパス

明治維新後、京都御苑の周辺の公家屋敷・武家屋敷の跡地には、教会堂や学校など多くのキリスト教施設が建てられていった。その中でも中核となったのが、同志社大学だ。そこに建てられた建築群は、京都の人びとに西洋建築を最初に伝える役割を担ったのである。

クラーク記念館　ドイツ人建築家により設計され、同志社キャンパスのシンボルともなっている建物。

明治八年に新島襄《にいじまじょう》が同志社英学校を創設して以来、さまざまな西洋建築が校舎として建てられていった。最初は、今も残る新島旧邸（明治一一年築）のように、和洋を折衷したような様式のものもあったが、しだいに本格的な煉瓦《れんが》造の校舎が、姿を現すようになる。最初に登場したのが、彰栄館（明治一七年築）だが、これは内部の小屋組《こやぐみ》が日本式であった。しかし、建設にあたる日本人の大工も、しだいに西洋技術を学び、より本格的な西洋建築が建てられていく。

そして興味深いのが、その使われている様式がきわめてバラエティに富んでいることだ。現在、彰栄館を含む五つの校舎が、国の重要文化財に指定されているが、それらを見ても、礼拝堂（明治一

アーモスト館　アメリカ人建築家・ヴォーリズの作品で、アメリカで流行った住宅のスタイルをそのまま持ち込んでいる。

八年築）はアメリカン・ゴシック、ハリス理化学館（明治二三年築）はイギリス・ゴシック、クラーク記念館（明治二六年築）はドイツ・ネオ・ゴシックというように、それぞれ国ごとの特徴を表す異なる意匠で建てられている。これは、設計を担当した人物が異なるためだが、このバラエティが、独特のキャンパス景観を作り出している。

さらには、大正期に入ると、近江八幡を拠点として設計活動をしたアメリカ人のヴォーリズの作品も登場し、校舎群はさらに多彩なものになる。とくに、学生寮のアーモスト館（昭和七年築）は、いわゆるアメリカン・コロニアルのスタイルで、それまでになかった華やいだ雰囲気を演出している。また、すでに紹介した関西を代表する建築家であった武田五一《たけだごいち》の、和風を加味した独特な意匠も、同志社女子大学の校舎として登場する。

日本において、このように多彩な校舎のデザインがキャンパスを彩る大学は、この同志社をおいて他にはないだろう。まるで建築の博物館である。そして、こうした多彩な建築は、京都という街だからこそ、受入れられたきたと思うのだ。

9　スパニッシュと赤銅御殿

日本における近代の住宅文化を築いたのは、郊外住宅地であったと言ってよい。大阪でも東京でも、明治末から広がっていく郊外電車沿いに、次々に建設される近代的で瀟洒《しょうしゃ》な住宅群は、確実に新しい住文化を日本に定着させていった。では、そもそも三山に囲われ、いわゆる郊外電車もなかった京都には、そうした郊外住宅地は存在しなかったのか。

いや、規模は小さいものの、京都でも新しいライフスタイルを求める郊外住宅の文化は確実に広がっていた。その典型が、北白川である。ここには、京都帝国大学が京都に設立されて以降、明治末から大正・昭和にかけて、京大の教官をはじめとするホワイトカラーたちが続々と居を構えるようになり、市内とはまったく異なる住宅地が形成されたのである。

見事なスパニッシュの駒井邸
現在は、日本ナショナルトラストが管理・公開を行っている。

そのときによく使われたのが、スパニッシュの様式である。スパニッシュといっても、スペインからの直輸入ではなく、アメリカで流行したものが入ってきたものだ。白い外壁とスペイン瓦にアーチの窓。これは、全国の郊外住宅で見られたが、町家の伝統が根強い京都では、とりわけ目立った存在になったはずである。その典型例が、北白川に今も残る駒井邸（昭和二年築）だ。動物学・遺伝学の権威で京大教授だった駒井《こまい》卓《たく》博士の私邸で、米国人建築家のヴォーリズが設計したものだ。見事なスパニッシュだが、内部には巧みに和室も組み込まれている。

ところで、こうした郊外住宅が建設されるためには、その土地を住宅地として開発するデベロッパーの存在が不可欠である。駒井邸の周囲も、大正末に設立された日本土地商事という土地会社が開発し売り出したものである。そして、北白川の南、吉田山の東山麓にもユニークなデベロッパーが登場する。吉田山山頂に茶苑を開いた谷川《たにがわ》茂《しげ》次郎《じろう》という、大阪で運送業を営んでいた実業家だ。

赤銅御殿と呼ばれた銅板葺きの住宅群　吉田山の東側斜面に広がる。

彼は、その東側の斜面地を整地し、二八件の借家を建設した。やはりこれも、京大教官を中心としたホワイトカラーのためのものであったが、こちらは和風の外観である。といっても、町家とは異なり庭付きの瀟洒な建物で、銅板葺きの並ぶ姿から、赤銅《あかがね》御殿とも呼ばれた。今でも多くのものが残っており、当時の住宅の質の高さをうかがうことができる。

10 御旅町の新様式

明治時代の終わりごろから、各地の観光地を紹介する絵葉書がさかんに作成されるようになる。もちろん、京都でも寺院などの名所旧跡を写した絵葉書が大量に作られるようになる。それらは、何枚セットかで作られるものが多かったが、大正期以降のそのセットの中には旧来からの名所ではなく、市中のある町並みの写真が必ず加えられていた。

その中でも最もポピュラーだったのが、写真のような御旅町の町並みである。御旅町は、八坂神社御旅所《おたびしょ》の東側、河原町通りまでの四条通りの南北の町並みを構成する町である。京都を代表する繁華な場所であったが、それにしてもなぜ絵葉書の題材になったのか。絵葉書のキャプションには、「大京都の中心地四条通りは幅員十二間中央に電車を敷き人道車道を区別し両側商店の和洋建築を並べウインドは常に各国の粋を集め且夜共非常に賑はしい」などと書かれている。つまり、市電が走る京都の近代化を象徴するような新しい町並みが、この場所に登場してい

御旅町（絵葉書）　御旅町の町並みを写した絵葉書。新しい風景の代表だった。

たのである。
これは、明治末に実施された、京都で初めての大規模な道路拡幅事業により登場した町並みであった。四条通や烏丸《からすま》通が拡幅され、そこに市電が開通したのである。しかし、この都市改造事業は、当然ながら反対運動も起こった。とりわけ旧来から繁華な通りであった四条通を拡幅することに対する抵抗は大きかった。その中で、御旅町だけは、道路拡幅が実現した後に現れる町並みについて積極的に捉えようとした。まず、拡幅される四条通を、従来とは異なる建物に作り替えたいので、片側だけでなく南北両側を拡幅するようにと、市会に建議する。さらに、町内の有志者が集まり、道路拡幅後に新しく建てる店舗については、「模範設計」を定め美観を統一しようとしたのである。

御旅町付近(絵葉書)　四条通を東から御旅町付近を捉えた絵葉書。

もちろん、こうした動きは例外的なものであったはずだ。大半の街路では、拡幅後も従来からの町家の町並みが作られた。御旅町が最も資力を持った商店が集まる町であったとも言えるのだろう。ただし、写真でわかるように、実際には現れた御旅町の町並みが美観を誇るものとなったのかは判断の分かれるところだろう。和と洋が混在して、少なくとも統一された町並みは実現していない。しかし、いずれにしても、この町並みが京都の都市景観を変えていく原点となったことは確かなのだ。

11　テーマパークだった銭湯

すっかり数は減ってしまったが、銭湯は、かつての日本人の生活スタイルのあり方を示すものとして興味深い。全国の銭湯を訪ね歩く銭湯マニアとも言うべき人もいる。そうしたマニアの間で、京都の銭湯は人気である。とりわけ、鞍馬口《くらまぐち》通の南舟岡町に今も残る船岡温泉は別格の存在である。現在は国登録文化財にもなっている。

関西の銭湯の定番である唐破風《からはふ》が玄関で出迎え、内部の男女脱衣室の仕切壁には驚くべき濃密な彫刻を施した欄間《らんま》が嵌《は》められている。西側には葵祭や賀茂競馬《かもくらべうま》。東側には今宮神社祭礼。北側には鶴・亀・松で、南側には鳳凰、近江八景。そして仕切壁面には「肉弾三勇士」だ。さらに、天井には中央部分に鞍馬天狗の木製

船岡温泉の唐破風の玄関　これは昭和になって増築された部分のようだ。

彫刻が設置されている。また、浴室への渡廊下部分にある石造の橋の欄干は、千本鞍馬口交差点付近にあった菊水橋の部材を移築したものであると言う。

しかし、なぜ銭湯にここまでの装飾が必要であったのか。実は、船岡温泉は、単なる銭湯ではなかったのである。もともと、造園業を営んでいた大野松之助《おおのまつのすけ》が、大正一二年に、料理旅館（船岡楼）と浴場と理髪店をセットにして開業した中の、浴場だけが残されたものなのだ。当時、鞍馬口通の周辺は、ほとんど田畑地が広がる場所であった。そこに、いわばアミューズメント施設として建てられたものなのである。現在カフェ（さらさ西陣）になっている、すぐそばの藤の森湯も同じ経営者が開業したものだった。

「肉弾三勇士」は第一次上海事変（昭和七年）のことだから、この彫刻は開業からのちに加えられたものだろう。菊水橋も千本通の道路拡張の時に譲り受けたものだという。そのほかにも、部分的な増築・改築を繰り返して今の姿になったようだ。そこには、大衆的な娯楽文化がにじみ出た姿がある。

明治末から実施された道路拡幅や市電敷設により、人びとは京都のさまざまな場所に出かけることが可能となった。そのために、郊外には、こうしたさまざまな娯楽施設が登場することになったのである。

迫力ある脱衣室の鞍馬天狗の木製彫刻

am pm
にしんそば

Ⅲ 歴史と空間・建築

ここでは、京都の「歴史」を表す空間や建築を紹介する。といっても、その「歴史」とは簡単なものではない。いろいろな意味での歴史が含まれている。ここで紹介するもので分類すると、それは二つに分けて考えることができるだろう。

一つは、平安神宮などに典型的に示される「歴史」である。つまり、客観的に価値付けられる歴史である。平安京以来の千年の都としての歴史である。それに対して、もう一つの歴史とは、都市に内在する主に都市住民が持ち得てきた歴史である。その中でもとりわけ、近世までの町方社会から引き継がれる、町を中心として形成される地域共同体による歴史が重要となる。祇園祭を支えてきた歴史と言えばわかりやすいだろう。

前者の「歴史」は明快だ。それを表すのがもっぱら空間や建築に集約されるからだ。桓武天皇を祀る平安神宮は、もともと平安遷都千百年紀念の紀念祭場として明治二八年に建設されたものだ。その社殿は紀念殿として位置づけられ、平安京の大内裏《だいだいり》の一部である朝堂院《ちょうどういん》の建物を縮小して再現させたものとなった。外拝殿が朝堂院の大極殿であり、正面の門が朝堂院の応天門《おうてんもん》となっている。つまり、その社殿はその造形により京都のみやことしての歴史を発信するものとなっているのである。そうした、いわば歴史を発信しようとする空間や建築が数多く作られてきたことは、京都の特徴となっている。

それに対して、後者の「歴史」はわかりにくいかもしれない。それが積極的に発信するものではないからだ。しかも、その歴史の力は、多くの場合保守的な力となって発揮されてきた。都市の近代化による都市改造や制度の近代化に対して、それを拒絶する力となってきたことが多いのである。しかし、そうした力とおりあいをつけながら近代化が進んだからこそ、魅力のある歴史都市・京都が生まれたとも言えるのである。だからこそ、その歴史の力が作り出した空間や建築の遺構は、現代の京都においても重要な意味を持つのである。

その典型が京都の小学校であろう。日本で最初の小学校は、町衆の伝統を引き継ぐ京都の住民たちが明治二年から次々に開校したものだ。注目したいのは、今残されているその校舎のデザインである。平安神宮が平安京の歴史を発信するものだったのに対して、京都の小学校は近代的・西洋的意匠を表現した。それが、その時点での住民たちの力を誇示するものであったからであろう。町家が集積する中でも、その町のシンボルとして積極的に近代や西洋が受け入れられたのである。といっても、それは独自の解釈が加えられ、京都独自とも言える特徴も持っていたのだが。

いずれにしても、都市住民に内在する京都の「歴史」は、図式的な歴史の理解だけでは気づきにくい。しかし、都市を支えてきた住民の暮らしの力を読み取ろうとする目を持つことで、町のいたるところに、その魅力的な姿を見いだすことができるのである。

12 公家の街から御苑へ

本書ではすでに、近代の岡崎周辺を舞台として、京都が「歴史都市」へと方向づけられていくようすを見てきた。岡崎の地は、すくなくとも明治前半期には、多くが田畑の広がる場所だった。だからこそ、「歴史都市」演出の舞台となった。それならば、千年の歴史がつまった京都中心部では、何が起こっていたのだろうか。

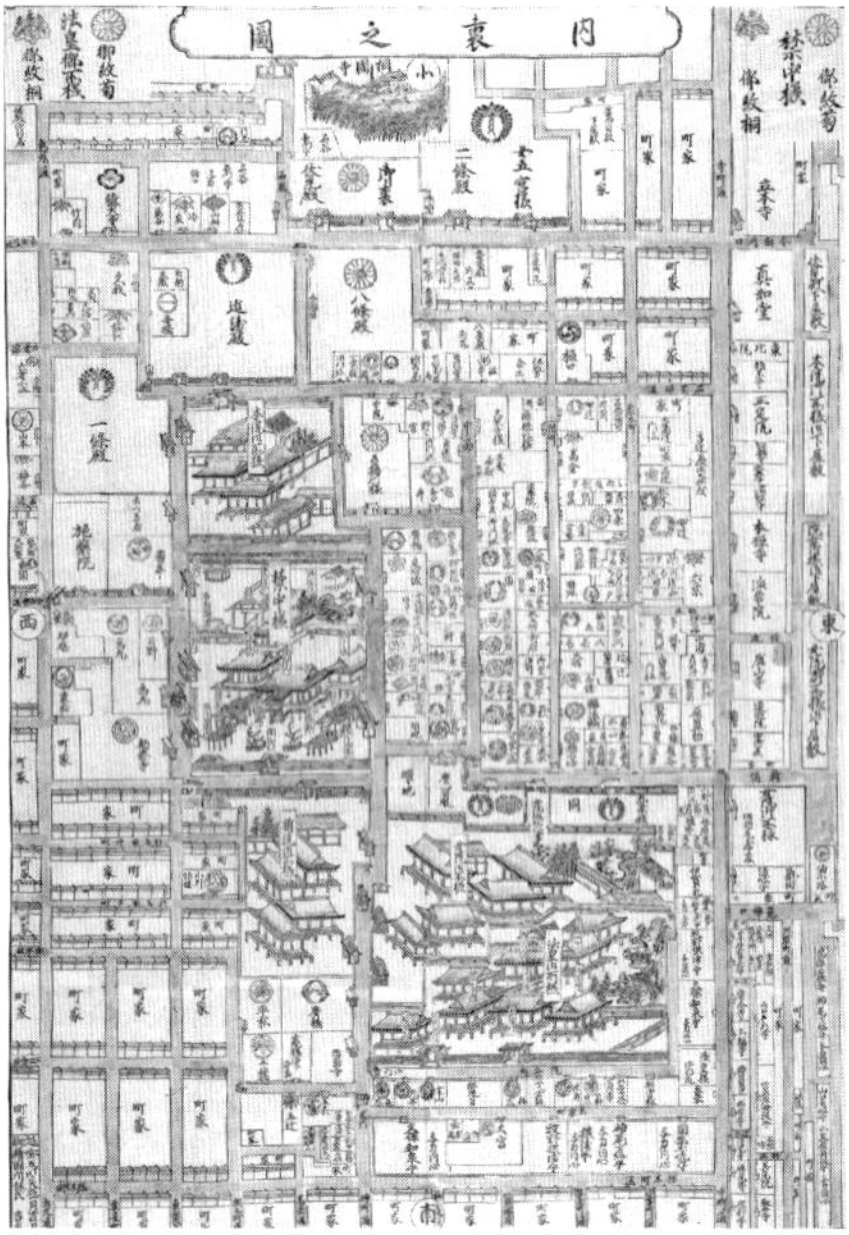
御所の周囲に公家屋敷が集まった江戸期のようす　（「新改内裏之図」延宝５年）

明治になり、近代の施設や制度が導入されても、中心部での暮らしは、しばらくはほとんど変わらなかった。と言うよりは、変わりようがなかった。ただ、大きな変化を強いられた場所はあった。御所周辺である。東京遷都により、天皇だけでなく公家も武家も有力商人のほとんども、京都から東京に移ってしまう。そこで、御所を囲んでいた公家屋敷や武家屋敷も主を失うことになり、御所周辺は寥々《りょうりょう》たる風景が拡がる場所になってしまったのだ。

　しかし、日本国は京都御所を必要とした。国として千年の歴史を内外にアピールするためには、京都御所が存在していることが重要であった。明治天皇も、京都御所の保存を望んだ。そして、実際に大正・昭和の即位式は京都御所で行われることになったのである。つまり、京都御所を保存することにより、京都は、東京とは別のもう一つの「みやこ」として位置づけられるようになったのだ。

京都御苑　　平安京を再現する空間として作られた。
（著者撮影）

　そのために、京都御所周辺についても京都府により早くから整備が行われた。言うまでもなく、現在の京都御所は、平安京の大内裏の場所にあるのではない。里内裏《さとだいり》の一つの土御門《つちみかど》東洞院《ひがしのとういん》内裏を基に整備・拡充されたものである。そこで、その整備はかつての平安京の御所をイメージさせるものとなった。場所は異なるが、あたかも平安京の大内裏の空間であるかのように、周囲に土塁を回した広大な空間が作られたのである。明治一一年のことだ。その空間内には町家もあったが、立ち退きをさせられている。そうして、今の京都御苑が完成するのである。

　この空間演出とも言える整備は、京都が「歴史都市」として作られていくようすを、最も象徴するものと言えるだろう。

13　小学校が語る町衆の近代

明治期の京都中心部で最も大きく変化したのは、御所周辺だった。京都御苑が整備され、その周囲にはキリスト教に関連する施設も作られていった。しかし、町衆の暮らす上京《かみぎょう》や下京《しもぎょう》の地域は、大きな変化は起こらなかった。

それは、伝統的な地域コミュニティがそのまま続いたからである。西陣のような、生活と生産が一体となった伝統的な生産様式や、京町家に暮らすいわゆる町衆たちの日常の暮らしは、近代になっても大きな変化はなかったのである。

ただし、近代教育制度のもとで小学校だけは、わが国でも最も早く、明治初期から次々と設置されるようになった。戦前までの小学校は、単なる教育施設ではなく、地域行政の末端を担うものでもあった。とりわけ京都では、京都府が中世以来の伝統的な地域単位（町組）を解体するのではなく、大きく再編しながらも小学校の学区（番組）としたため、小学校は伝統的

清水小学校校舎　平成23年に閉校した。
（1933年竣工／設計　京都市営繕課）

なコミュニティの中心施設としても重要なものとなった。そのため裕福な学区では、豪華な校舎を競うように建設するようになる。校舎の建設時には、多額な寄付金も集められたという。

そうして作られた豪華な小学校校舎の代表がのちにも詳しく紹介する明倫《めいりん》小学校（現・京都芸術センター）の建物である。巨大な畳敷きの集会室に豪華なインテリアの講堂、さらには町家の室内を再現した作法室など、これほど贅沢な小学校校舎は全国でも珍しい。明倫学区は室町問屋街だ。他の学区に負けるわけにはいかなかったのだろう。

京都芸術センター（旧明倫小学校）　豪華な和室もある。
（1931年竣工／設計　京都市営繕課）（著者撮影）

この校舎が建てられた昭和初期は、ちょうど木造の校舎が鉄筋コンクリート造に建て替えられる時期で、独特のデザインを持った豪華な校舎が他にも次々と建てられた。市内中心部の人口減少により、一九九二年より始まった小学校の統廃合で、こうした校舎は次々と姿を消してしまったが、明倫小学校のほかにも清水小学校や立誠小学校など、最も豪華な校舎のいくつかは幸いなことに残されている。

京町家が連なる町並みに、唯一現れた近代施設としての小学校。しかし、それは、町衆たちの伝統的な地域コミュニティが何も変わらず続いている証しでもあったのだ。

14　太鼓楼が伝えた近代

写真は閉校された小学校の屋上に残された太鼓楼である。中に吊るした太鼓をたたいて時を告げたというものだ。場所は、京都の中心部、三条京阪の商業施設のすぐ隣だ。

京都の小学校は、日本で最初に開校したことで知られている。明治二年のことだ。この年には、すでに六四の小学校が設立されている。そして、開校した小学校の多くには、太鼓楼が設置された。

一般的に、明治期の小学校に時を告げる太鼓楼が設置されるのは珍しいことではなかったが、京都の場合には、それはとりわけ大きな役割を担っていたと考えられる。京都の小学校が極めて早く実現したのは、近世から続く自治組織である町組を、大幅に再編しながらも、小学校の学区としたという背景があるからだ。当時の京都の小学校は、単なる学校ではなく、町組単位の役場的な意味合いも併せ持っていた。だから、そこでの太鼓楼は、近代の時間概念を広く市民に訓化するという役割も担っていたと考えられるのである。

その後、小学校の校舎は順次建て替えられていく。とくに、大正期から昭和戦前期にかけて、木造から鉄筋コンクリート造の校舎への建て替えが行われ、明治期に建てられた伝統的な様式の校舎は一掃されてしまった。もちろん、太鼓楼も役割を終え、姿を消した。

そんな中で、京都市立有済《ゆうさい》小学校だけは、明治期の太鼓楼（明治九年に設置）を、学校のシンボルとして大切に校舎の上に保存してきたのである。それが、われわれが今見る太鼓楼なのだ。しかし、その有済小学校も、京都市が近年進めてきた小学校の統廃合により、隣の粟田小学校と統合されてしまった。その結果、有済小学校は閉校され、校舎は二〇〇四年から使われていない。

文化財に指定された小学校の校舎などには、今でも太鼓楼が残されている例もあるが、こうして太鼓楼だけが切り取られ残されている例は、全国的にも極めて珍しい。しかし、稀少であるだけではない。日本で最初の小学校から、小学校の統廃合まで。京都における小学校の歴史を、見事に体現しているその存在は、確実に何かを語りかけてくる。

有済小学校に残されてきた太鼓楼　（著者撮影）

15　校舎は町のシンボル

京都における芸術振興の拠点施設として、二〇〇〇年にオープンしたのが京都芸術センターである。若い作家の芸術活動などをサポートしているが、それにしては、古めかしい建物だ。すでに紹介したように、昭和六年に竣工した京都市立明倫小学校校舎を再利用した施設である。

京都は、日本で最初に小学校が開校した都市である。明治二年のことだ。なぜ早くに小学校が設立できたかというと、すでに指摘したように、中世から続く自治的組織の伝統を小学校の学区が受け継いでいるからだ。

そのため、新しく作られた小学校の学区は、自治組織の単位となった。同時に、学区は住民にとって共同体的な意識を束ねるものともなった。そこで、小学校の校舎は、学区のシンボルとして、競うように建てられるようになったのである。

大正の終わりから昭和にかけて、京都市内の小学校校舎は、それまでの木造から鉄筋コンクリート造に建て替えられていったが、その際にも、学区ごとに豪華さを競う校舎が建てられた。公立（市立）の小学校だが、多額の寄付金が学区ごとに競って集められたのだ。

この旧明倫小学校校舎は、その頂点に立ったものである。明倫学区は、京都の和装産業を仕切る室町の問屋街である。他の学区に負けることができなかったのだ。外観もだが、特に内部の施設の豪華さには驚かされる。折上格天井《おりあげごうてんじょう》の七八畳敷きという「大広間」がある。体育館とは別に作られている「講堂」も格天井で濃密なインテリアだ。塔屋《とうや》の四階には作法教室として、京都の町家の内部が再現されている。

残念ながら、市内中心部の小学校統廃合により、一九九三年に閉校となったが、あまりにも豪華な校舎は、その後、再利用の方法が検討され、芸術センターとして蘇ることになったのだ。小学校の教室が、それぞれ作家のアトリエとして利用されている。実におもしろい使い方だ。実際に、世界中から使いたいという応募があり、競争率はきわめて高いらしい。教室の一つは、カフェになっているが、これもレトロな雰囲気から人気がある。

京都芸術センター（旧明倫小学校）　豪華な校舎の教室がアトリエやカフェになっている。（著者撮影）

建築には人びとの記憶を担う役割があると言われるが、それはもともと建築に具わっているわけではない。それは、われわれが新たに「発見」するものなのである。

16 土地区画整理が作る街

京都の街路が碁盤の目であるのは平安京の遺産である。しかし、現代の京都の街は、平安京が廃れた後の、上京・下京を核にしていて、広さはその何十倍にも達している。そこでの大部分の碁盤の目は、戦前に実施された土地区画整理事業を契機として作られたものであるのだ。

実は、この事業はきわめてユニークなものであった。具体的には、昭和の初めに建設が始まった都市計画事業路線に沿って、その両側に路幅の一〇倍に相当する地帯が土地区画整理地区として指定された。現在の東大路、西大路、北大路、九条のいわゆる外郭道路に沿う形で、ちょうど「C」(下図)の字ように、約四二五万坪におよぶ土地区画整理地区が設定されたのである。

なぜこうした帯状の区画整理になったのか。それは、新設街路のための土地収用と郊外地の乱開発を防ぐ区画整理を抱き合わ

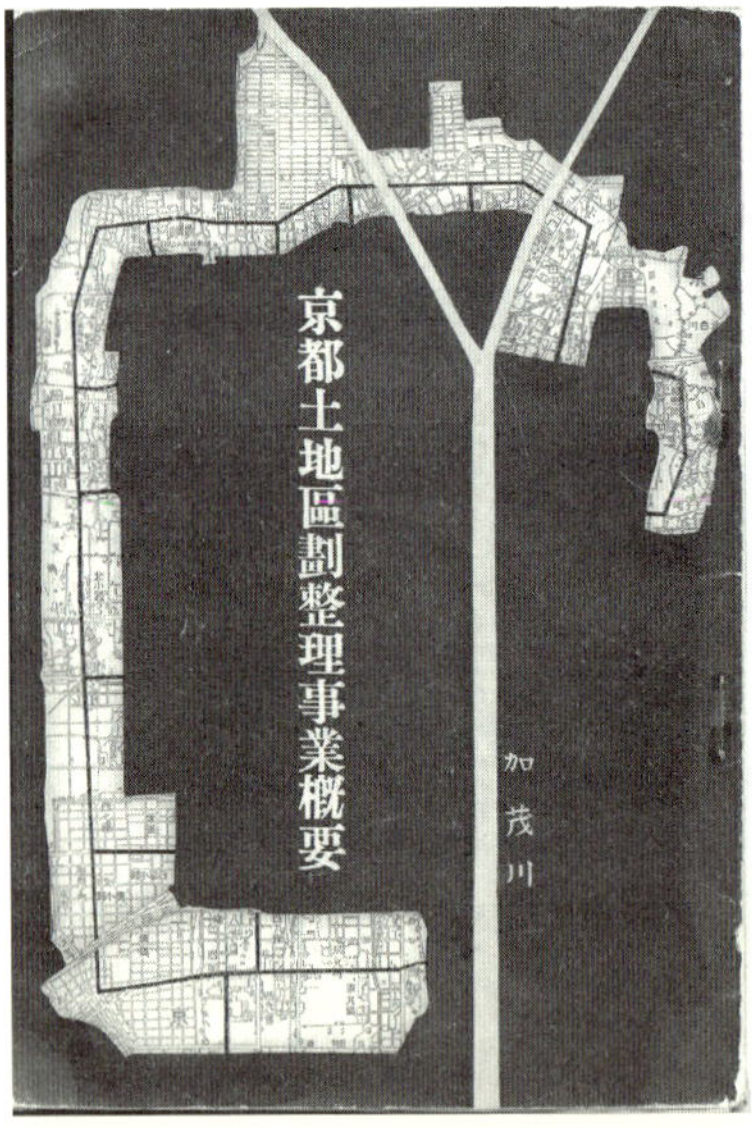

『京都土地区画整理事業概要』(昭和10年)の表紙　外郭道路沿いに計画された。

せることで効果的な事業を実現させせるためであった。しかし、こうした方式での大規模な土地区画整理は、わが国では、京都だけで実施されたものであった。

同時にこの事業は、戦前のわが国において、唯一都市計画事業として実施されたものでもあった。他都市では、区画整理は地主の自主的な事業として実施されてきたが、京都市は、郊外地での都市計画に対する意志を貫き、計画性の高い事業を誘導したのである。もちろん事業実施では、多くの困難にみまわれ、京都市による代執行を余儀なくされた地区も多かった。実際に完工は戦後にまでずれ込んでしまっている。

しかしいずれにしても、このユニークな土地区画整理により、京都の郊外市街地化は、虫食い的な開発・混乱から逃れることができ、平安京の碁盤の目が、近代に再びよみがえることになったのである。その意味で、この事業は大きく評価されていいはずだ。

こうして、近代において成立していく「歴史都市」京都では、この区画整理事業に典型的にうかがえるように、近代化と歴史の遺産をどのように折り合いをつけていけるのか、さまざまに模索し試行する姿があった。しかし、その模索の結果こそが、今の京都の最も重要な基盤を作ってきたと言えるのである。

土地区画整理事業で実現した北大路沿いの整然とした街

17　京電の痕跡

よく知られるように、京都は日本で最初に市街電車が走った都市である。琵琶湖疏水の発電を利用して、明治二八年に実現している。ただし、これはのちの市電ではない。古い方ならよくご存じのとおり、京都電気鉄道という、市電より狭い軌道の電車だった。京電と呼ばれたこの電車と、その後の市電とはまるで異なるものだ。それは軌道の幅や電車の大きさだけではない。

京電の車両　わが国最初期の市街電車車両で、平安神宮の神苑に保存されている。

京電は、京都駅から、岡崎で開催された第四回内国勧業博覧会の会場に人びとを運んだ。また、北野天満宮にも人びとを運んだ。当初は、観光用の電車としての色合いが濃かったのである。まだこのころは、職住一致、つまり職場と住まいはほとんど同じ場所であったから、通勤客を運ぶ電車は必要ではなかった。しかし、近代的な生活スタイルが普及するに従い、観光以外の利用者も増え、路線は京都の街の中に次々と伸ばされていった。

その路線は、木屋町通や寺町通、二条通や下立売《しもだちうり》通など、いくつもの

京電が走っていた寺町通　二条通とのまがり角は、路線が敷かれていたことがわかるカーブになっている。

街路を曲がりながらつないだものであった。悪く言えば、場当たり的な路線網だったとも言えるだろうが、それは市民の実際の交通需要を積み重ねた結果であったとも言えるのである。これに対して、のちに詳しく紹介する明治末に実施された都市改造による道路拡幅では、中軸となった烏丸《からすま》通の拡幅が典型だが、それまで重要ではなかった通りも含めて、京都の街を体系的に整理し直すものだった。その拡幅された道路に市電が敷設されたのである。つまり、市街電車における京電から市電への展開は、単に私営から公営への転換ではなく、京都の街の空間構造をいちからリセットするものでもあったのだ。

しかし、市電が敷設された後も、一部の京電路線は残った。会社は大正期に市電に買収されるが、市電より一回り小さな車両は、ごく一部（堀川線など）にだけだが走り続けた。そして、今でも京電が走っていた通では、その遺産を見つけることができる。たとえば、河原町二条から二条通を西へ向かい、そのまま寺町通を北へ向かう道は、今でも幅が少し広いが、それはまさに京電が通った電車通りであったからだ。今でも、その面影は老舗が並ぶ町並みに残されている。京都の街は、近代の痕跡が何重にも重層して残されているのだ。

Ⅳ　街に寄り添う様式

近代化の過程で都市の景観は大きく変貌していくことになるが、その変容の最も重要な要素は建物の「様式」であろう。町家や社寺を中心とした伝統的な造形に、西洋の建築様式が入り込んでくる。あるいは、置き換えられてしまう。それは劇的な変化とも言えるものだろうが、京都の街は、思いのほか積極的にその変化を受け入れてきた。ただし、ストレートな方法ではないのだが。

もちろん、当初は近代化のシンボルとして西洋の建築様式は導入された。すでに紹介した琵琶湖疏水の施設にほどこされた西洋古典様式などはその好例である。トンネルの出口や水路閣に示された「西洋」は、近代化を遂げていこうとする意思の表れであったと言えるわけだ。その後も、近代化により新しく登場する、庁舎、美術館、博物館、図書館などの公共施設には積極的に西洋の様式が使われていく。古典様式だけではない、明治三七年に建てられた京都府庁舎などを典型として、庁舎建築にはルネサンス様式を基調とした様式が使われるようになっていく。

いずれにしても、日本が明治維新を迎えた一九世紀後半は、ヨーロッパでは様式のリバイバルや折衷が進んでいた時であるので、日本で使われていく様式もさまざまなものが混在することとなった。ただし、日本的な特徴を表すものも出現する。まず、梅小路蒸気機関車館（二〇一六年に京都鉄道博物館としてリニューアルオープン）の資料展示館として移築再利用されている旧二条駅（明治三七年築）やのちに紹介する武徳殿などのように、構成や工法などを西洋建築にならいながら外観を日本の伝統的な意匠とするものが作られた。さらに昭和八年に建てられた京都市美術館のように、西洋様式の建物の上に日本屋根を載せるといった表現も現れるようになる（これを帝冠様式などと言う）。

しかし、こうした「和」も含めた多様な西洋建築の様式表現は、他都市にも同様に見られるものである。とりわけ京都の特徴として指摘できるのは、和洋の巧みな折衷であろう。例えば、明治一一年に建てられた同志社創設者・新島襄《にいじまじょう》の私邸。今も残されるその住宅は、ベランダを廻した洋館を基本とするが、窓や室内の意匠には明らかに、町家の伝統が息づいている。Ⅶで紹介する、京都の近代を代表する建築家である武田五一《たけだごいち》の作品群にも、必ずといっていいほど「和」が巧みに組み入れられる。住宅から公共建築に至るまで、京都の建築には、「和」の要素をどこかに見いだすことができるものが多いのだ。それは、和洋が折衷されているという説明では十分でない。西洋を自らのものとして使いこなした結果であるのだ。西洋の様式を積極的に受容しながら、それを巧みに自らのものとして使いこなす。そこにこそ京都の街の奥深さが見いだされるのである。

18 武徳殿が発信した「国風」

今でも京都市武道センターとして使われている武徳殿という建物が、平安神宮の東に建っている。この建物の由緒は古く、しかも京都の近代を象徴する建物でもあるのだ。

武徳殿　寺院の意匠を使いながら近代建築の構成も取り入れている。国指定重要文化財。（著者撮影）

建てられたのは、平安神宮創建の四年後の明治三二年である。武徳殿とは、もともと平安京の大内裏《だいだいり》にあった殿舎のひとつのことだ。その名称を使って武術・武道の演武場が作られた。平安神宮の社殿は大内裏の朝堂院《ちょうどういん》などの建物を再現したものだから、それらにならって内裏空間の再現を目指した命名であったのだろう。しかし、武徳殿を創設した大日本武徳会が、その後、全国に同様の演武場を設置していくことになると、それらもことごとく武徳殿と称されることとなった。

全国に波及したのは、武徳殿という呼称だけではない。その建物の構成や意匠も、京都の武徳殿が全国に波及していった。それは、台湾など当時の植民地にも及んでいく。

確かに、京都の武徳殿はよく出来た建築である。武道場としての広さを内部に確保しながら、屋根を二重にすることで、その間から光を入れることに成功している。この構成も含めて、全国の武徳殿の多くは、京都武徳殿をモデルにしているのである。

この京都武徳殿を設計したのは、松室重光《まつむろしげみつ》という建築家である。京都で神官の家に生まれ、東京帝国大学造家学科（現・建築学科）で学んだ建築家である。卒業後に、京都府技師として迎えられ、明治三七年に京都府庁舎（旧館）を設計した。洋風から和風まで何でもこなすことができた。そうした技能があったからこそ、実現できた武道場建築であったと言えるだろう。

いずれにしても、武徳殿の全国への普及は、京都の近代が獲得した「歴史都市」としての性格をよく物語る。京都をもう一つの「みやこ」として見立てようとして、平安神宮は創建された。そこで演出されるイメージが、いわば「国風」の建築形態として全国に広がっていったのである。

武徳殿内部　　屋根を二重にすることで室内を明るくした。

19 仏教寺院による洋風の受容

洋風意匠の建築は、さまざまな場で京都の街にもたらされた。同志社などのキリスト教の学校や教会は当然なのだが、意外なところでも洋風の意匠が早くから用いられた。例えば、西本願寺である。

龍谷大学本館　龍谷大学本館。仏教の教学施設にあえて西洋意匠が施された。国指定重要文化財。（著者撮影）

西本願寺は、教学施設としての「学林」を、明治九年に大教校と改称し、明治一二年に校舎を完成させるが、それが見事な西洋建築だった。ただし、「擬洋風」である。「擬洋風」とは、洋風建築が移入される際に、西洋建築の形態だけを、大工たちが日本の伝統的な技術をもって真似たものだ。

今も龍谷大学本館として残るその建物には、確かに不思議な特徴を見いだすことができる。車寄せの上部にある三角《さんかく》破風《はふ》（ペディメントと言う）では三角形が収まらず、日本建築の屋根の破風のようにも見えてしまう。四隅の部分に詰まれる石も、あまりにも大きすぎる。しかし、京都以外に見られる擬洋風建築に比べれば、その造作には突飛な部分はむしろ少ない。外国人による指導があったこともうかがえる。

西本願寺には、もう一つ特異な西洋建築が残されている。西本願寺の信徒のための保険会社社屋として明治四五年に建設された伝道院である。こちらは、赤煉瓦《れんが》に白い装飾を回す、東京駅などと同じく、日本に見られる近代建築の一つの典型を基調としているのだが、窓周りやドームの意匠に、インドやサラセンのモチーフが使われ、特異な造形となっている。この姿には、法主大谷光瑞《おおたにこうずい》が中央アジアに派遣した大谷探検隊のイメージが重なることになる。建築を設計した伊東忠太《いとうちゅうた》も、同じ時期に、日本の建築の源流を探ろうと、中国大陸からインドまで渡り、独自の建築デザインを構想した建築家であった。

西本願寺伝道院　仏具屋などが集まる西本願寺の門前に特異な存在感を示す。国指定重要文化財。（著者撮影）

仏教寺院も、近代化を遂げることが課題となった。その時代においても、その造形としても西洋意匠が積極的に選ばれることも起こった。ただし、そこにはストレートな西洋ではない部分が含まれることになる。そして、それが京都の特徴ある近代の姿を作り出す重要な要素となっていった。

20 東洋趣味の近代デザイン

日本の近代建築の意匠には、大きく二つの要素がある。一つは、当然ながら西洋建築から移入された様式で全体の基調をなすものだ。もう一つは、従来からある日本の伝統的な和の要素である。その二つを組み合わせたり、二つの間を揺れ動いたりして建築のデザインが決まる。しかし、もう一つ、東洋趣味というものもある。アジア、とりわけインドなどの意匠を取り入れたものだ。これは、少し特異なものとなる。

京都にも、その特異な東洋趣味の建築がいくつか残されている。一つは、八坂神社の横にある祇園閣である。昭和二年に建てられたこの建物は、祇園祭の山鉾をモチーフにしたものだと言うが、微妙にバランスが日本の伝統建築とは異なる。細部のデザインも独特だし、内部の照明は妖怪のようなもの

祇園閣　現在は大雪院の施設となっている。国登録有形文化財。

がくわえていたりする。

これを設計したのは、伊東忠太。東京帝国大学で建築を学び、日本建築史をはじめて体系化したとされる建築学者だ。しかし一方で、浄土真宗本願寺派二二世となる大谷光瑞や大倉財閥を築いた大倉《おおくら》喜《き》八郎《はちろう》をパトロンに持ち、東洋趣味の独自の建築を設計し続けた建築家でもあった。この祇園閣も、現在は寺院の所有だが、大倉喜八郎の別邸に、大倉の要望で作られた高楼であった。

一方、アジアを探検した大谷探検隊で知られる大谷光瑞は、まさにアジア的建築を伊東忠太に求めた。その答えが、インド寺院のモチーフなどを用いた東京の築地本願寺（昭和九年）である。そして京都には、それより古く、大正元年に、西本願寺の門前に、本願寺信徒のための真宗信徒生命保険株式会社（現・西本願寺伝道院）を設計している。先に紹介したように、この建物は赤煉瓦をまとった、いわゆる西洋館のように見えるが、塔や細部のデザインは、明らかに伊東忠太独自の東洋趣味の世界だ。

西本願寺伝道院玄関ホール
（石田潤一郎氏撮影）

現在、伝道院は、文化財修復の工事が終わったところで、仏具屋などが並ぶ伝統的な町並みに、かつての偉容を蘇らせた。西洋と日本、そしてアジア。さまざまな趣味を近代の建築は体現し、そして京都の街もそれを飲み込んできたのである。

21　スパニッシュの波及

北白川で新しい住宅のスタイルとしてスパニッシュ様式が登場したことはすでに紹介した。そのスパニッシュの完璧な姿としてあるのが、同じ北白川の住宅街にある京都大学人文科学研究所（東アジア人文情報学研究センター）である。もともとは、昭和五年に、外務省の研究機関である東方文化学院京都研究所として建てられたもので、設計は、本書でもすでに何度も登場した建築家・武田五一と、その弟子である東畑謙三《とうはたけんぞう》である。意匠だけではない。パティオ（中庭）を囲んで僧坊（ここでは研究室）が並ぶ構成も、スパニッシュ・ミッションの様式そのものであり、その完成度はきわめて高い。

この設計に関与した武田五一は、京都帝大の教授であり、当時の関西建築界で最も大きな影響力を持った建築家の一人であった。そして武田は、このスパニッシュの様式を、これからの日本の住宅に相応しい様式であるとして推薦しているのである。実際に、昭和初期、全国の都市郊外に建てられた住宅には、スパニッシュ様式に基

京都大学人文科学研究所（東アジア人文情報学研究センター）　意匠から建物構成まで見事なスパニッシュ様式だ。国登録有形文化財。（著者撮影）

づく意匠のものが多かった。

　ただし、京大人文研のような完璧なスパニッシュの普及が進んだわけではない。スパニッシュ様式の特徴とは、白い壁、スペイン瓦、アーチ形の窓などであるが、そうした特徴を外観に示す住宅が増えていったのである。

　武田は、住宅以外の作品にも、このスパニッシュの要素を巧みに忍ばせていった。たとえば、すでに紹介した藤井紡績を起こした藤井善助《ふじいぜんすけ》が大正五年に岡崎に作った藤井有鄰館《ゆうりんかん》などがその典型だ。コレクションに合わせて東洋風の意匠がちりばめられているが、武田が作り上げた壁面の構成は、白い壁に瓦を載せアーチの窓が続くという、明らかにスパニッシュであった。また、斬新な玄関ポーチのデザインで、日本におけるモダンムーブメントの先がけとして評価される京大の同窓会館である楽友《らくゆう》会館もそうだ。大正一四年に京大キャンパスに隣接して建てられたこの建物は、森田慶一《もりたけいいち》という建築家の作品として知られる。確かに独創的な玄関部分のデザインは森田によるものだが、最初に設計を任されたのは武田五一だったと言う。建物全体の外観は、やはり白い壁と瓦とアーチ窓となっている。

　確かに、スパニッシュの白い壁は、日本に似合う。そして、ことさら京都に似合うものだとも思うのだ。

楽友会館　玄関ポーチのＹ字型のデザインが独創的だが、建物全体の骨格はスパニッシュである。国登録有形文化財。

22 銀行建築の威厳

銀行の建築に特徴的なクラシカルな外観は、確実に日本の近代都市の景観を導いてきた存在である。京都では、最初は三条通に面して銀行が軒を並べた。明治三九年に建てられた日本銀行京都支店（現・京都文化博物館別館・国指定重要文化財）と第一銀行京都支店（外観の再現により、現みずほ銀行京都中央支店）が代表格だ。

その後、明治末に拡幅された烏丸《からすま》通や四条通沿いに銀行建築が集中するようになる。とりわけ、二つの通りの交差点は、新しい京都の「顔」としての意味を持つ場所として意識されたようで、ここには大正三年建設の三井銀行京都支店（外壁の一部を保存。現・京都三井ビルディング）と大正一三年築の三菱銀行京都支店（やはり外壁の一部保存。現・京都ダイヤビル）が競うように建てられた。

京都文化博物館別館　東京駅と同じ辰野金吾の設計。（著者撮影）

他にも烏丸通には、大正五年の山口銀行京都支店（現・ディーンアンドデルーカ）や昭和三年築の日本勧業銀行京都支店（現存せず）、昭和一二年築の住友銀行京都支店（現存せず）など、当代一流の建築家による銀行建築が次々と建てられていった。

　それだけではない。道路拡築の実現により、中心部以外にも銀行は建てられていった。「たばこ王」村《む》井《い》吉《き》兵《ち》衛《べえ》が起こした村井銀行は、大正元年に四条支店（現存せず）を設けたが、それ以外にも大正三年に七条支店（現・きょうと和み館）、大正一三年に祇園支店（現・レストランカーララガッツァ）と五条支店（現・京都中央信用金庫東五条支店）と京都市内のいくつかの場所に支店を設けた。いずれも、当時の市内で銀行が必要とされた場所だった（西陣には他にも多くの銀行建築が軒を並べていた）。

きょうと和み館（旧村井銀行七条支店）　七条通に残る西洋館の代表格。大きな列柱が、銀行建築の典型的デザインだ。（設計　吉武長一）

　そして、気付くことは、これらの建物で残されたものが、博物館やレストラン、商業ビルなどに生まれ変わっているケースが多いことだ。大正時代には、西洋建築も新しいモダンなデザインが移入され始める。しかし、信用を必要とする銀行建築は、相変わらずクラシカルな西洋建築の意匠を街に提供し続けた。その威風堂々たる姿が、いま街の表情として大切になってきているのである。

23 看板建築

町家とは本来、商家である。したがって、京都の大通りに面した商店街も、本来は伝統的な町家が続くものであった。それが、のちに詳しく紹介する明治末の道路拡幅によって主要な街路が拡張された後は、町家がそれらの街路の主役ではなくなっていく。では、町家に代わり街路沿いの商店はどのような姿になったのか。

近代における街路拡張や土地区画整理によって登場する新しい商家の建築スタイルについて、建築史家の藤森照信は「看板建築」という概念を提起した。東京では、関東大震災後の震災復興の過程で、これが急速に普及した。京都でも、大正後半から昭和初期にかけて、同様のものが、拡張された街路沿いを中心に広まったのである。

河原町通に残っている看板建築の例
中身は木造だが洋館風の外装。河原町通では拡幅された西側に、こうした看板建築が目立った。

「看板建築」とは何か。ただでさえ高密度に密集した市内中心部で、街路を広げたり公共のための用地を提供したりする近代都市計画が実施されると、さらに敷地に余裕がなくなっていく。そのために、町家のように街路に面して軒を出すような余裕はなくなり、街路ぎりぎりに平滑に建つ二階、または三階建ての建物が作られるようになっていく。この平滑な建物の立面が、まるで看板のようだということで「看板建築」という名称が与えられたわけだ。

不燃化が、当時の都市の大きな課題であったから、その「看板」は木造であっても、モルタル等で被覆する。なおかつ、西洋風が新しさを示すために求められたから、看板建築の意匠は、西洋建築のさまざまな要素を組み立てたものとなった。ただし、大量に登場する商家であるから、西洋建築を正式に学んだ建築家が設計するわけではない。西洋風の要素を自由に巧みに組み立てる。場合によっては、和の要素も忍ばせたりもする。そこには、あくまでイメージとしての西洋が作られるだけだが、それは新しい時代に向けた街の活気を示す自由さにあふれていたとも言えるだろう。

富士ラビット　看板建築の典型で、西洋デザインがちりばめられている。看板下の左右には、自動車を描いたステンドグラスもはめられている。（1923年竣工）

いまでは、こうした「看板建築」も少なくなってしまった。三大事業で拡幅された街路の中で、まとまって残っているケースとしては七条通ぐらいであろうか。その中でも、国登録有形文化財になっている富士ラビットは出色のものだ。

24 町家の近代化

京町家ブームである。次々と、町家がレストランなどに改修されている。しかし、そこで使われている町家のイメージはかなり限定されたものでしかない。実際の京町家は、かなり幅広いバリエーションを持っている。

京町家の基本的なスタイルが確立されたのは江戸中期である。しかし、幕末の大火などもあり、現在残されている京町家のほとんどは近代に建設されたものである。そして同時に、近代には町家のスタイルにもさまざまな変化がくわえられている。ただし、戦前までは、間口が狭くうなぎの寝床のような細長い空間に通り庭（土間）を通し、奥に前栽《せんざい》（庭）を置く基本的スタイルは変わらなかった。それを変えないままで、近代を受入れるのである。

一つは、通りに面して洋風にするケースである。街路に面して洋風意匠の壁面をつける。つまり、先に紹介した看板建築にしてしまうのである。すでに国登録有形文化財にもなっている平楽寺書店

平楽寺書店　銀行建築かとさえ思わせる列柱の装飾。国の登録になっているのは、この洋館部分だが、この裏は町家につながっている。

などがその典型だ。東洞院通三条上ルにある老舗の仏教書専門の出版社だが、昭和二年に建てられたその建物は、見事な洋館に見える。しかし、その裏に続く空間は、町家以外のなにものでもないのである。こうした、裏に町家が隠された看板建築は、実はかなり多く存在する。

もう一つは、町家の中に「洋」を組み込んでしまうケース。京都市指定有形文化財になっている川﨑家住宅（紫織庵《しおりあん》）が、その典型である。新町通三条下ルに、大正一五年に建てられた住宅は、典型的な京町家、それも通りに面して高塀（大塀）と門口を設ける高塀造と呼ばれる豪華な型式だ。その型式だから実現したとも言えるのだが、この町家には見事な洋室がビルトインされている。まさにビルトインとしか言いようのないように、町家の構成に見事に洋室がはめこまれているのだ。この洋室部分を設計したのは、本書の常連である建築家・武田五一だ。

川﨑家住宅（紫織庵）　洋室部分だけ見ると洋館かと思えるが、全体の構成は町家である。

現在、京町家は約三万件も残されていると言われる。その中には、こうした近代的バリエーションのものも数多く含まれているのである。ここで注目したいのは、こうした町家の改変が、あくまで町家の構成や、そこで展開される生活を維持したまま行われていることである。京都は生活を残しながら、近代を受入れたのである。通り庭に床を張ってしまうような手荒い改造は、戦後のことなのだ。

ありがとう 京都会館 50周年

V 京都モダニズム

日本の都市の近代化とは、二つの側面に分けて考えることができるだろう。西洋化と近代化だ。もちろん、それは表裏一体のものとして進んでいくのだが、同じ時間軸にそって進んだわけではない。わかりやすい例で言えば、前項「Ⅳ．街に寄り添う様式」で取り上げた西洋の様式の移入がそうだ。古典様式からしだいに装飾的要素が少なくなっていく過程は、確かに近代へと向かう時間の流れを示している。しかし、銀行建築ということに限ると、その意匠には古典様式がずっと使われ続けた。信用が大切な銀行には、古典様式の威厳ある装飾が求められたからだ。

つまり、西洋化と近代化は同時に進んでいくわけではない。そこで、近代主義が登場する。近代化の進展を第一義的に求める「主義」である。一般的には、それは過去の宗教的権威や伝統主義と絶縁し、普遍的・合理的原理に基づいて社会や文化の建設を推進しようとする精神的態度と捉えられるものだ。そのために、そうした近代化に向かわないものを否定しようとする。

考えてみると、すでに紹介した二代目京都府知事の槇村正直《まきむらまさなお》の政策も、この近代主義と言えるものだったのかもしれない。殖産興業を成し遂げるために「旧弊打破」、「迷信一掃」を掲げて地蔵盆のような行事も止めさせようとした。しかし、その過激な政策は市民の反発にあう。そして、その後の京都府は、京都の伝統的な風致の保存を主張するなど、西洋化の中で、京都の歴史性をどう守っていくかに腐心することになる。それは、近代化という道のりにブレーキがかかることになったとも言えるのかもしれない。

しかしその後、京都でも近代主義は確実に展開することとなる。ただし、それは政策ではなくもっぱら造形、あるいはその結果としての景観としてであった。風致保存を主張する京都府に対して、京都市は近代化に積極的だった。それが表れたのが、「Ⅶ・近代を駆け抜けた建築家」で紹介する、大正初めに京都市によって架け替えられた四条大橋であった。その近代主義を標榜するデザインに、京都市民は驚かされた。近代主義の造形の一番の特徴は、過去の様式の否定である。つまり、装飾があえて省かれるのである。その姿は、それまでの西洋化の進展による様式の変化を見てきた京都市民にとっても驚くものであったのだ。

その後、橋だけでなく、建築においても近代主義（モダニズム）の造形が広まっていく。といっても、それが景観を埋めつくすことにはならなかったが、少数の建築であったとしても、それらの先鋭的で実験的な姿がもたらすインパクトは大きかったはずだ。そして、市民からそれらに対して多くの批判も噴出することとなる。

現在、われわれの周りを囲んでいる建築のほとんどは、装飾を持たない。そうした都市景観が形成されるまでには、実は、近代主義の強い意志によって築かれてきた造形の歴史があった。京都におけるその歴史の断片を見てみることにしよう。

25 町中へ拡がる近代

明治末に京都市によって行われた都市改造によって、京都中心部の様相は大きく変容した。烏丸《からすま》通や四条通の道路拡幅によって、狭い街路で地域に閉ざされていた空間構造が、外に開かれたのである。それはなかば強引な改造でもあったわけだが、それでもこれを契機にして、近代的な都市の景観がしだいに生み出されていくことになった。

街路の拡幅は、市電の敷設とセットであった。広げられた街路は、人びとが行き交う繁華な「電車道」となった。そして「電車道」には、今までにはない近代的な意匠をまとう店舗が次々と並ぶことになる。百貨店や銀行、レストランなどがさまざまなデザインを競いながら作られていった。

それまで京都で建設される、いわゆる近代建築は、ほとんど三条通を中心とした地域に限られていた。三条通が唯一の近代的なメインストリートだったのだ。それが、広い街路の登場で、

旧北国銀行（現・ディーンアンドデルーカ）　烏丸通に建てられた銀行の中でもアール・デコなどのモダンな傾向を持つ。現在はレストランなどに利用されている。
（1916年竣工／辰野片岡建築事務所）（著者撮影）

近代建築の建設は京都中に拡がっていくことになった。

　まず、拡築されなかった三条通に代わり、烏丸通に主要な銀行などが立地するようになる。そして、今出川通や千本通、七条通りなどにも多くの近代的デザインの店舗が並ぶようになった。

　現在の京都の賑わいは、河原町や四条烏丸などに限られた、いわば一局集中型になっているが、このころは広域に拡がっていた伝統的な町の構造が開かれた時である。京都中に、いくつかの商業拠点が形成されていったのである。中でも、今出川大宮を中心とした西陣や、京都駅北側の七条通などには、とりわけ豪華な銀行や商店の建物が軒を並べるようになった。今では、わずかな建物が転用され残されているだけだが、それらだけからも往事の賑わいのようすをうかがうことができるだろう。

旧多田精商店　すでに建て替えられてしまったが、七条通に建てられたモダン建築の一つ。
（竣工年設計者不詳）（著者撮影）

　大正から昭和初期には、三条通などに残る「正統な」近代建築とは異なる、新しいデザインの息吹を感じさせる建物が建てられるようになる。「電車道」の繁華街には、そうしたいわば自由な気風の建築が目立つようにもなるのだ。

　それによって、近代的なデザインや景観が、人びととの生活にしだいによりそうようになっていくのである。

26 街を彩ったスクラッチ・タイル

京都の街の様相を大きく変えることとなった、モダニズム（近代主義）に向かう息吹について、一つの特徴的な建築表現から考えてみよう。

京都を南北に流れる鴨川に面しては、のちにも紹介する東華菜館《とうかさいかん》（ヴォーリズ建築事務所設計・大正一五年築）やレストラン菊水（上田工務店設計・同年築）など、まさにモダンの息吹を感じさせ、それゆえに京都を代表するランドマークにもなっている建築が数多く残されている。そして、三条大橋のたもとにも、同じように新しいモダン都市の美意識を表現した建築が構えている。西側に建つ、「鴨川をどり」で知られる先斗町《ぽんとちょう》の歌舞練場《かぶれんじょう》（昭和二年築）だ。この建物のデザイン的特徴は、ひっかき傷のようなくぼみをつけて焼いた煉瓦《れんが》のタイルで覆われていることである。この建築の質感が、鴨川の景観に豊かな表情を与えている。

こうした煉瓦タイルをスクラッチ・タイルと言うが、これ

先斗町歌舞練場　設計は大林組（担当：木村得三郎）。

により壁面を幾何学的に構成するのは、米国の建築家、フランク・ロイド・ライトの影響を受けたもので、このデザインは昭和の初めに日本中で大流行した。残念ながら残っているものは少ないが、京都でも、拡張された四条通や河原町通沿いに新しく建てられた商店などにも数多く見られたようだ。さらに南区西九条の京都府立鳥羽高等学校本館（昭和六年築）や河原町正面にある任天堂正面営業所（昭和八年築）など、大規模なものが今でも残されている。

近代主義の建築は、しだいに装飾を排除していくことになるが、このライト式のデザインは、その前に、モダンなセンスの装飾を街の装飾として広めたのである。一九二〇〜三〇年代は、まさにモダニズム前夜の豊かな様相を京都に与えたと言ってよい。スクラッチ・タイルの渋く茶色い質感は、今でも京都の街に馴染んでいる。

京都府立鳥羽高等学校本館　設計は京都府営繕課。

27 古書店に残る「モダニズム」

かつて、京都の寺町商店街を歩いていて、なんとも興味深い建物を見つけた。仏教書専門の古本屋「其中堂《きちゅう》」である。ショーウインドーなどにはアール・デコの趣味がうかがえて、二階は白い四角い箱。レトロな雰囲気はあるものの、モダンな感覚がうかがえる。ところが、仏教書を扱うということからだろうが、瓦屋根の上に寺院風の装飾がついている。しかも飛鳥様式だ。人字形《にんじけい》の割束《わりづか》や、卍崩《まんじくず》しの高欄《こうらん》という、法隆寺などに使われた珍しい装飾が、様式に忠実に再現されているのだ。それでいて、全体のモダンな雰囲気になじんでいる。デザインした建築家は、相当の力量の持ち主だと思った。

調べてみると、設計者は、八木清之介という人物だった。ほとんど知られていない人だが、京都生まれで京都帝国大学建築学科を卒業し、大学院まで進んだ後、第三高等学校の図学の教授となっている。図学の教授といっても、建築設計への熱意は大きかったようで、まわりからも建築家としての活躍を期待されていた。それだけの立場にいた人が、なぜあまり知られていないかというと、三七歳の若さで病没してしまっているからだ。

この建物は、彼が残した唯一の作品のようだ。建てられたのは、昭和五年のことで、なんと、彼が二六歳の時の作品だ。このころには、ヨーロッパからモダニズム（近代主義）のさまざまな潮流が日本にも伝わり、若い建築家は、こぞってその流れにあこがれた。彼もその一人であったはずだ。しかし、彼はモダニズムの懐の深さをよく理解していた。だからこそ、寺院の装飾でさえも、さりげなくデザインの要素として使ってしまうことができたのだろう。その建築家としての才能は、確かに優れたものだったと推察できる。もし彼が長生きしたら、われわれは、もっと大きな規模で、さらに魅力的な作品に出合うことができたかもしれない。

　街角の小さな建物でも、調べてみると意外な歴史が発掘され、そこからさまざまな思いがめぐる。建築を味わう醍醐味とは、形と歴史が表裏一体なものとして存在しているところにあるとつくづく思う。

其中堂　飛鳥様式の高欄とアール・デコ調のショーウィンドーが見事に同居している。（著者撮影）

28 逓信省の前衛

京都の近代は、前衛の舞台でもあった。明治期に次々と建てられたキリスト教の教会堂なども、ある意味では「前衛」と言えるだろう。しかし、近代主義につながる大正期以降に登場する建築デザインの前衛運動でも、京都はその舞台となっていたのである。

それをリードしたのは、逓信省《ていしん》の建築家たちである。電信電話の技術こそが、社会の革新をリードするものであった時代である。そこに集う建築家は、常に新しい社会に応える建築を作ろうとした。

鴨川の丸太町橋西詰めに建つ旧京都中央電話局上京《かみぎょう》分局（大正一二三年築）の建物がそのひとつ。いまはスーパーマーケットとスポーツクラブとして利用されているこの建物は、クラシカルな壁面に、なんとも大げさな屋根がかかった極めて特徴的なデザインとなっている。設計したのは、逓信省の建築家・吉田鉄郎《よしだてつろう》である。吉田はその後、東京中央郵便局（一部を

旧京都中央電話局上京分局　ドイツの民家にヒントをえたという屋根が特徴。国登録有形文化財。

残し二〇一二年にＪＰタワーとして建て替えられた）や大阪中央郵便局（二〇一二年に建て替えのため取り壊し）の建物を設計し、日本に無装飾のモダニズム建築の時代を開いたと評される建築家である。この建物は、その前に、まだ様式建築の表情を残しながらも、大胆な表現を模索していた時代の代表作だ。

もう一つある。ＮＴＴ西日本京都支店西陣別館（大正一一年築）である。こちらはもっと過激だ。もともと西陣電話局として建てられたものだが、裸婦が全面に描かれた正面のデザインは、当時としては驚くべきものであった。この建物は、西洋の様式に則って設計するのではなく、個人の自由な表現として初めてわが国に現れた建築だったと評価されるものである。設計したのは、逓信省の建築家・岩本禄《いわもとろく》という建築家で、二九歳で夭折してしまうが、その唯一残された作品がこの建物なのだ。

NTT西日本京都支店西陣別館　建設当時西陣の若い女性たちは裸婦の姿に下を向いて通ったという。国指定重要文化財。

京都の街のすごいところは、こうした前衛の表現もたちどころに飲み込んでしまうことだろう。二つの建物も、いまではすっかり京都の街に馴染んでいる。

29 コンクリートの家

すでに「絵描き村」と呼ばれた北区等持院《とうじいん》かいわいについて紹介し、その一角にコンクリート・ブロックで作られた建築家・本野精吾《もとのせいご》の自邸（大正三年築）が建てられたことも紹介した。本野は昭和四年に、同様のコンクリート・ブロックの住宅を、山科区御陵の琵琶湖疏水の流れる脇にも建てている。こちらは京都高等工芸学校の校長であった鶴巻鶴一《つるまきつるいち》の自邸として建てられたもので、規模も大きく、戦前のわが国のモダニズム住宅を代表する作品と言ってもよいものである。これらの住宅の造形は、建築家・安藤忠雄《あんどうただお》に代表されるコンクリート打ち放しのデザインの、日本における最初の例と言うことができるだろう。設計した本野は、京都高等工芸学校（現・京都工芸繊維大学）の教授で、戦前の関西で活躍したインターナショナル建築会の代表者も務めた建築家で、日本のモダニズム建築運動をリードした一人である。

栗原邸（旧鶴巻邸）　国登録有形文化財。

　モダニズム建築は、造形の単純化・抽象化を目指した。それまでの西洋建築は、屋根や柱や窓に濃密な装飾を凝らした。その装飾性をことご

京都市考古資料館

とく排除して、合理的で単純な造形を目指したのである。それは、合理的な社会を目指す近代主義の表現でもあった。しかし、それにしても本野のコンクリートの住宅は、あまりにも過激である。モダニズム建築の潮流を何十年も早く先取りしてしまっている。

実は、本野は自邸の九年前に、西陣織物館を設計している。京都市考古資料館として残るその建物は、いまのわれわれから見れば、レトロな建物に見えるだろう。しかし、よく見れば窓周りの装飾は一切省かれ、屋根もきわめて単純な造形になっている。千両の品物が動くという意味で「千両が辻」と呼ばれた今出川大宮にそびえたその姿は、人びとに驚きをもって迎えられたようだ。四角い単純な造形は、「マッチ箱のようだ」とされ、やはり単純な形の屋根は「ピラミッドのようだ」と揶揄《やゆ》された。

本野は、日本におけるモダニズム建築運動の先頭を走る建築家であった。しかし、それは京都という街でこそ可能になったと言えるのかもしれない。京都の人びとは、こうした、まさに前衛を走る建築を、批判をしつつも、常に注目しながら、街に受入れてきたのである。

30 京都モダン

二〇一一年、京都工芸繊維大学の美術工芸資料館で、「もうひとつの京都――モダニズム建築から見えてくるもの――」という展覧会が開催された。モダニズム建築とは、近代主義を標榜し、装飾的要素を排除して抽象的な空間の構成から建築を表現しようとしたものである。京都では戦前からその先駆的な建築が建てられてきたし、戦後も、その代表作となるような作品が作られてきた。それらを一堂に集めて改めて見渡してみると、確かに「もうひとつの京都」の姿が見えてくるのである。

一般的に、モダニズム建築は、地域や場所との関係を拒否して、画一的な表現を求めたと言われることが多いが、決してそうではない。京都における戦後の代表作としては、岡崎の旧京都会館（前川國男《まえかわくにお》設計・一九六〇年築）や岩倉の京都国際会館（大谷幸夫《おおたにさちお》設計・一九六六年築）などを挙げることができるだろう。どちらも、単純な空間の構成によるモダニ

旧京都会館　戦後の建築家を代表する前川國男の代表作のひとつ。（著者撮影）

京都国際会館　　日本にも国際会議場を作ろうと行われた公開コンペによって選ばれた作品。

ズム建築の基本的な設計手法は守りながら、独自の表現を獲得している。京都会館は、大きな庇《ひさし》を回すが、それが日本の伝統建築を思わせる。京都国際会館は、台形の壁面構成にして、斜めの壁が、やはり日本の伝統的な造形を暗示させるものとなっている。

こうした表現は、必ずしも京都の街と直接関連づけようとして構想されたものとは言えないのかもしれない。しかし、その造形に見られる建築家の意識の高さは、確実に街に品格を与えてくれるのである。そしてそのことが、時間をかけて結果的に、これらの建築を京都の街になくてはならない、かけがえのない存在にしているのである。近年、京都市により京都会館の大規模な改修の計画が立てられ、二〇一六年にロームシアターとしてよみがえることとなった。それが、京都会館が持っていたモダニズムの魅力をそのまま継承できるものになってほしい。

歩行者
自転車
専用

Ⅵ 基督教の文化

意外に思う人も多いだろうが、実は京都の街は、キリスト教の文化遺産の宝庫でもある。しかもカトリック、プロテスタント、日本聖公会、ロシア正教など、さまざまな宗派の建物が遺されている。その背景には、京都府などの為政者がキリスト教に寛容であったということもあった。さらに言えば、キリスト教にとって、日本への宣教を考えたときに、かつての「みやこ」であった京都に拠点を置くことは重要なことであると判断されたのだろう。そのために、東京遷都により使われなくなってしまった公家や武家の屋敷地跡など、京都御苑周辺の土地を中心にして、さまざまなキリスト教施設が、明治期に数多く作られていったのである。

その結果として、京都の街に特徴的な景観要素が組み込まれていくことになった。京都御苑の南側に残る、明治三六年に建設されたハリストス正教会聖堂などは、町家が並ぶ伝統的な景観の中にビザンチン様式という特異な姿を根付かせている。教会堂だけではない。同志社英学校（現・同志社大学）や平安女学院などに代表されるように、キリスト教による西洋風のキャンパス景観も京都の中心部に作られていった。とりわけ同志社大学に残る五つの国指定重要文化財の煉瓦《れんが》造の校舎が作り出す景観は、わが国を代表する歴史的キャンパス景観になっていると言ってよい。

ただし残念なことに、教会堂の重要な遺構のいくつかは、戦後に失われてしまっている。特に明治二三年に河原町三条に建設され、京都のカトリック教会の中心教会であった聖フランシスコ・ザビエル聖堂が失われてしまったのは惜しまれる。また、日本聖公会でも、米国人建築家のガーディナーが手がけ明治四〇年に河原町五条に建造された聖ヨハネ教会堂（愛知県の明治村に移築）や、明治四五年に岡崎に建てられた京都聖マリア教会が建て替えにより失われてしまっている。こうした教会堂は、いずれも日本におけるキリスト教の教会堂建築の歴史を語る上で重要なものであった。

しかし、一方で「Ⅶ・近代を駆け抜けた建築家」で紹介するヴォーリズが、キリスト教の宗派を超えて大正や昭和初期に設計した教会堂には、今も現役で使われているものも多い。これも京都のキリスト教建築の特徴と言えるだろう。その代表と言えるのが、大正二年に御幸町通二条に建てられた京都御幸町教会だ。近年修復が施され、小規模ながらも清廉な表情を持つ煉瓦造の教会堂が蘇った。キリスト教による施設の建設は、確かに、京都の街に西洋風の意匠を波及させるのに大きな役割を果たしたのである。

31 キリスト教がやってきた

明治初期、公家や武家の多くが京都を去ってしまった京都御苑の周辺は、東京遷都による京都の没落を象徴する場所であった。それが、すでに紹介したように、あたかも平安京の内裏《だいり》のような御苑として整備されることになるわけだが、しかしそれでも、さらにその周囲には主のいない屋敷地が拡がっていた。そうした土地には、しだいに近代を象徴する新しい施設が進出していくようになる。そこで特徴的だったのが、キリスト教に関連する施設が多いことであった。

洛陽教会　いまは建て替えられてしまっている。
（1913年竣工／W.M.ヴォーリズ）
（著者撮影）

最初にやってきたのは、同志社英学校だ。すでに紹介したように、新島襄《にいじまじょう》が創立した同校は、明治九年から御苑の北の薩摩藩邸跡に次々と校舎やチャペルを建設していった。そして御苑の西には、明治二八年に大阪川口居留地にあった日本聖公会の照暗女学校が、平安女学院と改名して移転し、煉瓦のチャペルや校舎を建てた。さらに、御所の南には明治三四年にハリストス正教会が、西日本の拠点としてビザンチン様式の京都聖堂を建設した。また、御苑の東にも、大正のはじめに洛陽教会が作られている。

こうして、御苑の周囲に学校や教会を次々と作っていったキリスト教各宗派にとっては、京都御苑に接するというこの場所こそが重要であったはずだ。整備された京都御苑は、東京とは別のもう一つの「みやこ」としての京都の核心部分である。新たな布教を目指すキリスト教にとって、そこは日本での布教の最前線として捉えられたはずであった。

現在も、こうしたキリスト教関連の建物は文化財として残されているものが多い。同志社大学には明治期に建てられた五つの煉瓦の建物が残され（いずれも国指定重要文化財）、美しいキャンパス景観が維持されている。平安女学院では、明治期の校舎（明治館・国登録有形文化財）が修復工事によりよみがえりキャンパスのシンボルとなっている。ハリストス正教会が全国に建設した教会堂のひな形となった京都聖堂（京都市指定文化財）も、今でも現役である。

こうした建築遺産が作り出す景観も、京都の近代化の歴史を象徴するものとして重要なものとなっている。

同志社大学クラーク記念館
（1893年竣工／設計 R. ゼール）

32 英国がそのまま京都へ

京都御苑の周囲に次々と進出したキリスト教施設の中で、同志社と同様に、西洋の建築文化を積極的に持ち込んだのが、平安女学院である。敷地の規模や歴史的建築の数では、とうてい同志社におよばないが、残された建築は、いずれもきわめて興味深いものばかりであり、京都における近代建築文化の受容の過程を知る上で貴重なものである。

平安女学院明治館　設計したハンセルは、英国王立建築家協会正会員の建築家であり、神戸を拠点に数多くの住宅を手がけた。（著者撮影）

平安女学院の前身は、大阪の川口居留地に設立された照暗女学校である。明治二八年に京都御苑の西側へ移転したのを機に、名称を京都にちなみ改めた。しかし、校舎は純然たる西洋建築を用意した。それが現在、明治館と名付けられた建物である。最近、耐震補強も加えた改修を行い、見事によみがえり、国登録有形文化財ともなったこの校舎は、建設当時の英国の学校建築の流行であったアン女王様式というものをストレートに伝えている。

明治期の西洋建築は、たとえ外国人の建築家が設計したものであっても、どこかに日本仕様としてアレンジされた部分が多い。それに対

聖アグネス教会　建設当初は、烏丸通に向かって、説教台を備えていた。

して、この建物は、そのまま英国に持って行っても通用する、いわば直輸入のものであった。設計したのは、英国人建築家（ハンセル）だ。

そしてこの校舎を建設した直後には、チャペルも建てた。それが、烏丸《からすま》通と下立売《しもだちうり》通の交差点に残る聖アグネス教会堂である（明治三一年築、建設当時は聖三一教会、京都市指定文化財）。こちらを設計したのは、立教学校の初代校長にもなった宣教師であり、立教大学や平安女学院などが属する日本聖公会関係の建物の設計を担った米国人建築家・ガーディナーである。このチャペルは、明治館とは正反対で、ヨーロッパで見る教会堂とはイメージの異なる、きわめて骨太の、ずんぐりしたゴシック様式となっている。日本での地震に配慮した結果だと思われるが、その姿にも、日本的西洋建築としての見所があふれている。

さらに昭和に、やはり日本聖公会系の建物の設計を担った米国人建築家であるバーガミニーが手がけた校舎（昭和四年築）が残されている。昭和館と名付けられたこの校舎も、西洋建築のさまざまな様式をちりばめたような独自のデザインで興味深いものだ。

京都御苑の周囲は、日本における西洋建築の多様なバリエーションを楽しむことができるエリアなのである。

33 米国メリノール会による教会堂建設

京都の近代化の過程において、キリスト教の果たした役割は大きい。そのことは、すでに紹介してきたように、今に残される学校や教会堂の建築遺産でもよくわかる。そして、戦後、第二次大戦直後にもキリスト教は京都の街に優れた教会堂建築を築いている。

高野、西陣、伏見、山科、田辺、園部には、木造の堂々としたカトリック教会が建っている。目にした人も多いと思う。どれも、年月を経ても教会堂らしい清浄なたたずまいを残しているが、実は、これらのカトリック教会は、敗戦直後の同時期に、しかも同じ建築家によって設計されたものなのである。

カトリック高野教会　（1948年竣工）

昭和一二年から、カトリック教会の京都教区が、それまでのパリ外国宣教会から米国のメリノール宣教会に移管された。そして、太平洋戦争直後、米国のカトリック教会の各宣教会は、日本各地の復興を支援することになり、京都を担当するメリノール宣教会が、米国内で積極的に募金活動を行い、それを基に京都での教会設置・聖堂建設を計画したのである。そして、

カトリック西陣聖ヨゼフ教会　（1948年竣工）

いちはやく一九四六年に、ウィリアム・ニーリーという修道士建築家を派遣して、次々と教会堂を建設した。それがこれらの教会堂なのだ。

　このうち、カトリック高野《たかの》教会（下鴨東森ケ前町）とカトリック西陣聖ヨゼフ教会（新町通一条上ル）、カトリック伏見教会（深草直違橋《すじかいばし》）の三つの聖堂は、一九四〇年代に作られたものだ。物資も不足する時代にもかかわらず、見事な教会堂を完成させている。共通した特徴を持っていて、外装はいずれもベージュの凹凸のついた塗り壁（ドイツ壁）で、内部は、美しい小屋組を露出させる、木造教会では伝統的な会衆席が作られている。ウィリアム・ニーリーという設計者は、メリノール宣教会の大工職人をしながら建築を学んだ建築家であることがわかっているが、その手腕は確かなものだったようだ。

　なによりも驚かされるのは、これらの教会堂が、京都の街に見事に溶け込んだ存在になっていることだ。教会としてもいずれも現役であり、地域の人びとの信仰を集めている。そして、まるで戦争の前からそこにあったかのように、京都に似合う古いたたずまいを見せているのだ。

34 木造新技術の教会堂

先に、戦争直後の一九四〇年代に京都市内に建設された三つの教会堂を紹介した。同じメリノール宣教会が建設を支援し、ウィリアム・ニーリーという設計者により建設された教会堂が、他にも三つある。カトリック山科教会（山科区御陵中筋町）、カトリック田辺教会（京田辺市河原受田）、カトリック園部《そのべ》教会（カトリック丹波教会園部聖堂・園部町新町）である。いずれも一九五〇年代になって建設されたもので、外観のデザインは一九四〇年代のものの特徴を継承しているが、内部はかなり違う表情を示している。

とりわけ、山科と園部の教会堂は規模もかなり大きいもので、共通した特徴的なデザインが見られる。美しく化粧された小屋組は見えない。その代わりに両側の壁から屋根を支える張り出し部分が並んでいて、これがデザインのアクセントになっているのだ。建築構造の専門家によると、これはどうも、戦時中に飛行機の格納庫などで使用された、大きな空間を木造で作り出す新興木構造《きこうぞう》という技術が使われているのではないかということだった。もちろん、今ではこのような構造

カトリック山科教会堂内部　大きな会衆席を支える構造がユニークな表情を作り出す。

は見ることはできない。

そして驚かされたのは、山科と園部の教会堂は、単に似ているというレベルではなく、まったく同じ教会堂であったことだ。同じ年（一九五三年）に竣工しており、おそらく同じ図面を使って建てたのだろう。教会堂を一時期に建設しなければならないという状況下で、やむなく取られた手段だったのだろうか。しかし、実際には両教会はまったく異なる表情を見せている。国道一号線沿いの山科教会は街の中の重要な景観要素になっているが、園部の教会堂は、田園風景の中にそびえるものだ。おそらく設計者は、その環境の違いに着目して、同じ図面を使うことにしたのではないか。

カトリック丹波教会園部聖堂　周囲の美しい自然景観に溶け込んだ美しい外観。

山科・園部両教会の前年に完成している、カトリック田辺教会も、規模は小さくなるが、同じように側の壁から屋根を支える張り出し部分が並んでいる。しかし、こちらは外観も含めて、かなりモダニズムの影響が色濃く、他の五つの教会堂には見られない特徴を持っている。結局、設計者のウィリアム・ニーリーは、各教会に、それぞれ特徴を持たせたかったのであろう。共通した特徴を見出せるが、それぞれ個性を持った表情が実現している。実は、そのことが、六つの教会堂が、京都に馴染む風景を作り出してきた秘訣であるように思えるのだ。

Ⅶ 近代を駆け抜けた建築家

京都の街の空間を改変し近代化していくのに最も重要な役割を果たしたのは誰か。京都府や京都市が行ってきた都市改造事業などの中身をたどっていくと、そこに土木技術者の存在が浮かび上がってくる。すでに紹介した琵琶湖疏水を実現させた田辺朔郎《たなべさくろう》以来、京都はとりわけ土木技師の活躍が目立つ都市であったのだ。明治末の主要道路の拡幅や市電敷設、あるいは昭和初期の大規模な土地区画整理事業など、京都の都市空間を大きく変える事業は、常に府や市の土木技師がリードして実現されてきた。それに対して、明治末の都市改造を主導した当時の市長・西郷菊次郎《さいごうきくじろう》や、昭和のはじめに京都市長に就任した市村光恵《いちむらみつえ》などは、そうした土木技術者が台頭する状態を「技術者万能主義」として批判した。市村に至っては、そのために土木局や電気局の職員を大量に解雇し、それが問題となり本人も辞職に追い込まれてしまう。

そうした土木技師の活躍に対して、建築家の活躍は目立たない。しかし、京都の実際の景観やその表情については、建築家が作り出していった造形の影響はきわめて大きいはずなのだ。土木技師が、官吏として行政による政策を空間化していったのに対して、建築家はその個人の表現として街にデザインを与えていくという役割を担う。そして、その表現は常に時代の気分や流行を反映する。とりわけ、西洋化が進展する中では、その表現は西洋の建築の動向に強く左右されることになる。つまり、土木技師は都市空間の基盤を作るが、そこにどのような景観を生み出すかということについては、建築家の仕事に関わることになるわけだ。

　では、京都の街の表情を作り出した建築家とは誰であったのか。もちろん、明治期には日本を代表する建築家が京都でも仕事をすることになる。東京帝国大学の建築学科教授で東京駅や日本銀行などの設計者でもある辰野金吾《たつのきんご》も、三条通の日本銀行京都支店（現・京都文化博物館別館）や三条烏丸《からすま》の第一銀行京都支店（現在は外観を同じくし再建され、みずほ銀行京都中央支店）などを手がけた。また赤坂離宮の設計で知られる宮廷建築家の片《かた》山東熊《やまとうくま》が京都帝室博物館（現・京都国立博物館）を手がけている。あるいは、キリスト教の教会堂や学校などでは、外国人建築家の活躍も目立った。

　しかし、その後、明治末の大規模な都市改造が実現した後には、一部の建築に、東京とは異なる京都特有のデザインともいうべきものが登場してくる。小学校や公共施設、新しい街路沿いに建設が進む店舗建築など、そこには西洋のモダニズムに向かう新しいデザインを基調としながらも、そこに京都の歴史に馴染ませる要素が折衷される。その中心にいたのが、武田五一《たけだごいち》という建築家であった。その武田を中心に、京都で活躍した建築家について見てみよう。

35 武田五一が仕掛ける意匠

清水寺に向かって登る坂道の途中に建っている「洋館」である。清水焼の窯元でさまざまな事業を起こした実業家、松風嘉定《しょうふうかてい》が、大正の初めに、この場所に邸宅を作った。その洋館部分だけが残されているのだが、ほんとうにこれは「洋館」なのだろうか。屋根の部分はどう見ても寺院か城郭のようにしか見えない。

日本の近代建築は西洋から学んだ。しかしそこでは、西洋にはない「和」、つまり日本の伝統的なデザイン要素が加えられるものも少なからず存在した。そして、そうした「和」を加えるデザインの傾向を最も色濃く示したのが、関西、特に京都であったと言えるのである。

そこには武田五一（一八七二～一九三八）という建築家の存在がある。本書でも、すでに登場してきた建築家だが、ここで改めて紹介しよう。武田は、京都帝国大学の教授を務めるなど、戦前の関西の建築界で最も影響力を持った建築家の一人である。実作も多く、生涯に一五〇以上の作品を残したとも言われている。その彼が、好んで使ったのが「和」の意匠だった。彼は、アール・ヌーボーやセセッションなどのヨーロッパでの新しいデザイン潮流を、いち早く日本に伝えた建築家としても知られている。しかし、一方で日本の伝統様式についても造詣が深く、「和」のデザインを、さりげなく西洋デザインにしのばせた。

この建物は、そんな武田の初期の傑作である。一階の窓などはペディメントと呼ばれる典型的な西洋様式の装飾で飾られているのに、屋根は瓦屋根で、宮殿や寺院などに見られる鴟尾《しび》がついている。内部も、ステンドグラスがはめられる一方で、天井は、寺院などに見られる折上格天井《おりあげごうてんじょう》になっている。どこを見ても、洋館と思えない「和」が混在している。しかし、重要なのは、それらが違和感なく混在していることである。

武田の「和」のデザインに対する考え方は、和風のデザインを形式的なものと考えてしまうわれわれよりも、もっと柔軟なものであったと言えるのかもしれない。ちなみに、この建物は、湯豆腐で有名な順正が買い取り、店舗として利用していたが、現在は「夢二カフェ五龍閣」というカフェとして利用されている。

夢二カフェ五龍閣（旧・松風嘉定邸）　「和」を見事に取り込んだ洋館。最上部の望楼からは京都市内を一望できる。国登録有形文化財。（著者撮影）

36 武田五一マニアとは

最近取り壊されてしまったが、丸太町通に京都にあるレストランの本社ビルが建っていた。あまり特徴のない、ありふれたビルのように見えるかもしれない。しかし、そのデザインの一つ一つは、いろいろ興味深い特徴を持っていた。

大正一三年に京都府医師会館として建てられた由緒ある建物で、設計は、これも武田五一である。武田は、近代ヨーロッパの新しいデザイン潮流を日本に積極的に紹介しようとしたことで知られている。この建物も、古めかしい西洋建築の様式を感じさせるが、その装飾的要素は徹底して簡略化している。この装飾の簡略化ということこそ、近代デザインの潮流の一つであった。一方、白い壁にアーチの窓、そして赤い屋根。スペイン瓦こそ載っていないが、スパニッシュに近いデザインでもある。すでに紹介したように、スパニッシュは武田が日本の住宅デザインに似合うはずとして、積極的に使ったスタイルでもあるのだ。こんなふうに、この建物は、武田がよく使ったデザインの要素が複合していて興味深い。でも考えると、要素の複合は武田の作品の本質でもある。

そのさまざまな武田的要素を、さらにマニアックに分析しようとする人もいる。武田の「おっかけ」を自任するサラリーマンのK氏は、一五〇とも二〇〇とも言われる武田の作品を発掘するために、日本中を駆け回っている。確かに武田マニアだ。そのK氏の解説によると、この建物は武田デザインの「サイン」が見事に表れていて興味深いのだそうだ。

一つは、バルコニー。唐突な感じで、三階にバルコニーがあるが、確かに武田の作品にはバルコニーがよく使われる。それから、左右非対称。確かに、なぜか窓の配置が左右でばらばらだ。この特徴も、武田作品ではよく見かける。K氏は、そうした「サイン」がなぜかということは分析しない。そうした分析的な見方にはあまり興味がない。マニアとはそういうものだろう。

建築は確かに文化を担ってきた。しかし、その文化のありようは、実は多様である。権力や宗教を象徴する姿だけが建築ではない。だから、こうしたマニアのように、建築をもっと自由に考える楽しみ方があってもよい。

春陽堂　京都府医師会館として建てられた。残念ながら現存しない。（著者撮影）

37 歴史都市にふさわしいデザインとは

京都大学百周年時計台記念館　武田五一のデザインの一つの特徴でもあるセセッションの表現がうかがえる。（著者撮影）

武田五一という建築家について、もう少し掘り下げて考えてみよう。武田は明治五年に広島県福山市で生まれ、東京帝国大学建築学科を卒業し、京都高等工芸学校（現・京都工芸繊維大学）や新設された京都帝国大学建築学科の教授をつとめ、戦前期を通じて関西の建築界で常に指導的立場にいた建築家である。

こうした経歴からは、まさに戦前の建築界を牽引する存在であったことがわかるが、武田はことさら京都という都市の近代化に大きく貢献した建築家でもあった。武田は、すでに紹介してきた松風嘉定邸（現・夢二カフェ五龍閣）や京大の時計台（大正一四年築）など、建築家としての作品も多いが、個人作家としてよりも、彼のデザインが果たした役割において評価されるべき建築家であると言えるだろう。

武田は、大学で教鞭をとり、多くの弟子たちを設計技師として関西各地の行政に送り込んだ結果、大正から昭和初期にかけての関西の公共建築には、武田のデザイン的好みが色濃く反映されている。とりわけ京都はその傾向が強い。その最大の特徴は、松風嘉定邸などに見られた、和と洋が巧みに混在された意匠であると言えるだろう。たとえば、先に豪華な小学校校舎として紹介した、京都市営繕《えいぜん》課《か》設計による旧明倫《めいりん》小学校（現・京都芸術センター）などにも、その特徴が典型的に表れている。

武田は、京都の街が近代的景観に生まれ変わろうとする時に、歴史都市らしいデザインを構想した。西洋近代のストレートな移入ではなく、日本の伝統にも親しみの持てる意匠の可能性を模索したのだ。そのために、必然的に彼の設計活動は、建築の枠の外にもはみ出ることになる。橋梁や街灯のデザインにも積極的に関わり、和でも洋でもない独自の意匠を提供していったのである。

写真の街灯は、その典型的な作品と言える鈴蘭灯である。大正期になると、街路灯はガス灯から電灯に変わっていったが、武田はその電灯による街灯デザインを、当時の京都電燈から依頼され、電灯がちょうど鈴蘭のように並ぶデザインを提案した。この、いかにも日本の街路に似合うデザインは、京都発として瞬く間に全国に波及した。

鈴蘭灯が最初に設置された寺町通
（『武田五一・人と作品』）
（1924年／デザイン 武田五一）

日本らしい近代都市の姿とはどのようなものなのか。歴史都市・京都が求めたその問いに答えたのが、武田五一という建築家であったのだ。

38 求められる都市デザインの監修者

武田五一という建築家がさらに興味深いのは、その果たした役割が建築などを直接デザインする行為だけに留まっていないことである。どのようなデザインが時代に相応しいかということを常に考え、それを指導や監修という立場で発信し続けたのである。建築設計の監修者という立場の仕事が多かったことが知られているが、それだけではない。都市計画の委員として、あるいは都市装飾の監修者として、助言をしたり啓蒙をしたりする仕事も多かったのだ。

もちろん、都市が近代化に向けて大きく変容しようとする時にデザインの監修をするためには、建築家個人としてのデザイン的志向だけではなく、きわめて幅広い知識と技法を持ち合わせていなければならない。日本の伝統から西洋の意匠、様式的意匠からモダンデザインまで、確かに武田はあらゆるデザインに精通していた。だからこそ、個別の建築の設計に関わる仕事だけでなく、より広い立場で、新しい都市デザインの顧問のような役割も担うようになっていく。たとえば、明治末に四条通が都市

大正大礼の電柱の装飾　武田五一が監修したデザインが街中を飾った。
（『大正大礼京都府記事』1917年）

改造事業で拡幅される時に、御旅町の住民が新しく作る店舗について「模範設計」を定め美観を統一しようとしたことを紹介したが、その際に相談した識者が武田五一であった。また、後に紹介する都市改造直後に行われた大正大礼に際して、街中に施された市街装飾の監修を行ったのも武田五一だった。

さらに重要な仕事として、京都ではないが大阪の大川・中之島の橋梁デザインの監修・指導が知られている。桜宮橋、天満橋、天神橋、大江橋、淀屋橋など、それらは大正時代から始まった大阪の都市計画事業で次々と架け替えられたものだが、その意匠は武田五一の指導にゆだねられたのだ。現在の水の都としての大阪の特徴ある景観は、武田の指導の下に実現されたものだとも言えるのだ。

河合橋　「純平安朝式」として武田が設計した河合橋。いまでも現役だ。（著者撮影）

京都でも、武田は橋梁意匠に関わっていて、二条橋（琵琶湖疏水）、河合橋（高野川）や葵橋（加茂川）を大正時代にデザインしている（河合橋のみ現存）。興味深いのは、大阪の橋梁が西欧意匠を基盤とするものとしているのに対して、こちらはコンクリート橋であるにもかかわらず「純平安朝式」として擬宝珠《ぎぼし》などがつけられていることだ。その後、戦後も含め、京都の橋梁にはこれと同様の和風意匠が受け継がれて行くことになる。

こうした都市デザインをリードする武田のような建築家は、建築や橋梁などの都市空間の造形が、時代を牽引するのに求められた時だからこそ必要とされた存在であったと言えるのだろう。

39 建築のプロトタイプを作った建築家

京都を代表する明治建築と言えば、京都国立博物館（旧京都帝室博物館・明治二八年築）や京都文化博物館別館（旧日本銀行京都支店・明治三九年築）などとなろうか。そして、どちらの建物も、その設計者はわが国を代表する建築家である。帝室博物館の建物は、赤坂離宮を設計した宮廷建築家・片山東熊であり、旧日銀京都支店は、東京駅や日銀本店を設計した辰野金吾である。しかし、京都で生まれ、もっぱら京都を活躍の舞台とした建築家の作品も残されている。しかも、その作品のいずれもが興味深いものなのだ。

京都府庁舎（旧館）　その後の府県庁舎建築のモデルになった。国指定重要文化財。

その建築家の名は、松室《まつむろ》重光《しげみつ》。明治六年に、松尾大社の摂社の神官の家系に生まれ、第三高等中学校を経て、東京帝国大学造家学科に進み、卒業後、京都市・京都府の嘱託技師に任用され、京都へ戻ってきた建築家だ。元来は、明治三〇年に公布された古社寺保存法（現在の文化財保護法の前身）を契機として必要となった古社寺の調査や修理のために求められた人材だったようだが、建築の設計も数多くこなすようになる。

代表作は、なんといっても京都府庁舎（旧館）だ。明治三七年に完成した、その荘厳なルネサンス洋式の庁舎は、その後の全国の庁舎建築の手本となった。さらに、同時期に京都ハリストス正教会を設計している。すでに紹介したとおり、明治三六年に完成したビザンチン様式のその聖堂は、今も京都御苑の南の街中に残っているが、これも、その後に全国に建設されるハリストス教会聖堂のモデルとなった。さらに、武徳殿（明治二八年築）も、彼の設計である。そして、これもすでに紹介したとおり、その寺院建築を思わせる和風の独自なデザインが、その後に全国に建てられていった武徳殿建築のモデルとなった。

ルネサンス洋式、ビザンチン洋式、近代和風。まったく異なる洋式を自在に使い分け、しかも、完成させた建築は、いずれも、その後のモデルになっていく。それは、この建築家の能力の高さを示すことである。しかし、同時にそれは、近代の京都が建築文化の発信地であったことを物語っているとも言えるだろう。その役割を、松室重光という建築家が見事に担ったということなのだ。

ハリストス正教会　ビザンチンという珍しい様式を木造で見事に作り上げた。（著者撮影）

残念ながら、その後松室は満洲にわたってしまうが、設計活動は続けていた。先日、訪れた大連では、まだ彼の作品が数多く残されていたが、いずれも、西洋館のデザインに巧みに「和」を忍ばせるものであった。

40 台湾総督府技師の橋

四条通や烏丸通を拡幅する、明治末に行われた大規模な都市改造事業で、京都の街は大きく変貌を遂げることになる。その中で、最もその変貌する姿を市民に見せつけたのが大正二年に架け替えられた四条大橋であったはずだ。拡幅された通り沿いには、モダンな洋風建築も見られるようになったが、鴨川に架かる大規模な橋梁は、やはり近代化の象徴となった。しかもそれは、とびきりモダンな姿で登場したのである。

そのデザインが発表された際に、新聞（京都日出新聞）は「設計者の意を用ひしは橋の欄干、橋脚其他局部々々には少しも美術的意匠を加へず橋全体を構成して初めて美術的の者たるを示さんとするに在りて輓近《ばんきん》独逸《ドイツ》辺に於て流行せる極めて新しき意匠に依りし者なりと」と伝えた。それはセセッションのデザインを指していた。セセッションとは、一九世紀末にドイツ・オーストリアに興った芸術運動で、過去の芸術様式からの分離をめざし、近代の新しい造形を志向したものだ。

そんな斬新なデザインを、あえて鴨川に仕掛けたのは都市改造事業を実

四条大橋（絵葉書）　竣工当時の四条大橋。現在の橋は昭和17年に架け替えられたもの。

施した京都市だった。当然、それは京都に似つかわしくないという批判も出た。おもしろいのは、同時期に、東京の日本橋、大阪の心斎橋も架け替えられていて、それぞれ工費の坪単価が一〇〇〇余円、七〇〇余円となったが、装飾が少ない四条大橋では、坪単価三〇〇余円にしかならず、三都の一つとしての体面が保てないという批判もあったことである。

では、その斬新なデザインは誰によるものか。これは、森山《もりやま》松《まつ》之《の》助《すけ》という台湾総督府の技師である建築家に依頼された。この都市改造を実現させた市長・西郷《さいごう》菊《きく》次郎《じろう》市長は、台湾で地方官として都市整備に関わった経験がある。その縁でわざわざ台湾の技師を連れてきたことも考えられるが、時期が違いすぎる。むしろ、森山が台湾で鉄筋コンクリートの建築の設計に手腕を発揮していたことが大きかったのではないか。四条大橋は、鉄筋コンクリート造の本格的な橋梁として、わが国でも早い例の一つであったのだ。

七条大橋（古写真）　四条大橋と同じ構造・デザインで同時に架け替えらたもので、現在も使われている。（土木学会土木図書館蔵）

いずれにしても、あえて設計を外注してまで、モダンで斬新なコンクリート橋を京都に持ち込もうとした。そこには、京都市の近代化に積極的にのぞもうとする強い姿勢をうかがうことができた。

41　二人の土木技師

京都の街を、近代空間に変えることに最も重要な役割を果たしたのは土木技師である。明治末に実施された都市改造事業によって、京都の主要な街路が拡張され市電が通り、はじめて近代都市空間が出現することになる。この事業は、西郷菊次郎市長が成し遂げた事業であるとされるが、そこで必要となった都市整備・改造の近代技術を背景に、実際の事業計画をリードしたのは、井上秀二《いのうえしゅうじ》という京都市の土木技師だった。彼は、京都帝国大学土木工学科の第一期卒業生で、近代土木技術が必要となった京都市が明治三六年に破格の高給で迎えた技師である。

井上秀二　明治末の三大事業をリードした土木技師。

確かに、井上の知識と技量があったからこそ、三大事業は成功したのだが、その知識を背景として常に事業のイニシアティブを取ろうとする姿勢から、市役所内部からは疎まれる存在にもなっていったようだ。三大事業が竣工する前に、井上は事務方と衝突し、明治四二年に京都市を免職となってしまう。ただし、その後、他都市の技師長や技術顧問を歴任し、最後は土木学会長にまでなっているが。

そして、すでに紹介したように大正末から昭和初期にかけて北大《きたおお》路《じ》通や西大路《にしおおじ》通などの外周道路の拡築と土地区画整理をセットで実施する事業が実現するが、これも、永田《ながた》兵三郎《へいざぶろう》という土木官吏がリードしたものであった。彼は、内務官僚で東京市長もつとめた永田秀次郎の令息で、やはり京都帝大土木工学科の卒業生である。このユニークとも言える事業のアイデアは、まさに彼の構想力と実行力があってはじめて実現できたものである。

しかし、この時点にいたると、土木技術者の行政支配とも言える状況は頂点に達していた。永田は、当時の土木局長・電気局長を兼ねるという立場にまで上り詰めている。昭和二年に就任した市村光恵《いちむらみちえ》市長は、そうした状況を「技術者万能主義」として批判し、技術官吏の多くを免職させてしまうという事態すら起こっている。

都市を近代空間に改造する事業は、京都にも求められた。そこでは、何より近代土木技術が求められ、その能力を発揮する技師が力を発揮した。彼らの功績は大きい。しかし、一方で、技術が都市改造をリードする時代はやがて終わっていくことになるのである。

永田兵三郎　昭和初期の外周道路新設と土地区画整理事業をリードした土木官吏。

42　様式を自在にあやつるヴォーリズ

近代化をとげる京都の街の変貌に最も貢献した建築家として、武田五一を取り上げた。鈴蘭灯など、歴史都市らしいデザインを次々と構想した建築家だ。しかし、もう一人、忘れてはいけない建築家がいる。すでに、四条大橋西詰めの東華菜館《とうかさいかん》や北白川の駒井邸、同志社大学の校舎などで紹介した、米国人W・M・ヴォーリズである。

ヴォーリズは、明治三八年に英語教師として来日し、滋賀県近江八幡市を拠点にして教会堂の設計などから始め、日本全国に作品を残した建築家である。大阪の大丸心斎橋店や関西学院、神戸女学院の校舎などの代表作で知られるが、京都に数多く残された作品群は、とりわけ建築家としてのヴォーリズの特徴をよく示すものである。

W.M. ヴォーリズ　英語教師として来日し日本中に建築作品を残した。

もちろん、彼の目的はキリスト教の伝道にもあったわけだから、教会堂や同志社大学の校舎など、キリスト教に関わる建築を最も多く手がけている。

しかし、それだけにはとどまらない。

ヴォーリズの伝道は、実業と結びついて進められた点に特徴

京都復活教会礼拝堂　堀川北大路交差点にあるこの教会堂もヴォーリズの作品である。（1935年竣工）

がある。近江兄弟社を設立し、メンソレータムやオルガンの販売も行った。そして、建築の設計も、キリスト教関連だけに留まることはなく、個人の住宅やレストランや百貨店などの商業建築にも広がっていった。そして、そこでも、デザインの多彩さが魅力となった。

多彩と言っても、それはいずれも何らかの様式に基づくものである。東華菜館（大正一五年築）の特異に見える意匠も、スペイン風のバロック様式を使ったものだ。駒井邸（昭和二年築）は米国から入ったスパニッシュ住宅の典型である。烏丸丸太町に残された大丸社主の住宅・大丸ヴィラは、英国で流行ったチューダー様式の完璧な再現である。保存問題で揺れた滋賀県の豊郷小学校校舎（昭和一二年築）は、装飾のないモダニズム様式に基づくもの。つまり、ヴォーリズの手がけた多彩さは、そのまま西洋建築様式の多彩さを示すものだった。そして、どれも完成度が驚くほど高い。

武田五一のように、独自なデザインを創出したわけではない。しかし、ヴォーリズは、近代化を進める京都の街に、西洋の様式を確実に根付かせていった。だからこそ、どの建築も、いまだに京都の街に欠かせない存在になっているのである。

43 モダニズムの実践者・富家宏泰

戦後の京都で最も活躍した建築家と言えば、富家宏泰《とみいえひろやす》（一九一九〜二〇〇七）である。彼こそ、京都の街にモダニズムを根付かせた建築家だ。

富家は、二八年にわたり京都府知事をつとめた蜷川虎三《にながわとらぞう》に見込まれ、京都府下の多くの公共建築の設計を特命で請け負うようになった。そのほかにも、病院、ホテル、大学、会社社屋、住宅にいたるまで、その設計作品の幅はきわめて広い。京都で生活している人なら、この事務所が設計した建築にまったく出会わないですごすことは困難なぐらいだ。

京都第二赤十字病院本館（竣工当時）　増改築で今では原形をとどめないが、建設当初は正統派モダニズムの傑作であった。

富家の設計は一貫してモダニズムであった。モダニズム＝近代主義とは、それまでの伝統や歴史に基づく装飾を一切排除して、モノとしてではなく空間として建築を作ろうとするものだ。それは、近代主義の思想とともに瞬く間に世界中に広がった。世界中で、装飾を排した四角いビルが建てられていった。日本でも、京都会館を設計した前川國男《まえかわくにお》や、東京代々木のオリンピック競技場などで知られる丹下健三《たんげけんぞう》などが主導して、モダニズム建築は確実に普及していった。

富家は、そうしたモダニズムをリードした巨匠ではないが、京都においてモダニズム建築を大量に作り出し、戦後の街の姿を変えていった建築家であった。実際に、京都第二赤十字病院本館（一九五九年築）など、彼が作り出す建築は、前川や丹下と比べても遜色のない、新しい時代の息吹を感じさせるシャープなものだった。ただし、一九六〇年代以降になると、彼のモダニズムの作風は変化を遂げていく。京都府立総合資料館（一九六一年築）や京都府立文化芸術会館（一九六九年築）など、研ぎ澄まされた感覚がなくなり、穏やかな表情となっていく。悪く言えば、建築作品としての評価が難しくなっていった。

京都府立文化芸術会館　大屋根がデザインの特徴となっている。

富家は、このころから一貫してデザインの「抑制」を主張するようになる。とりわけ公共建築は「自分を控えめに抑えてデザインしなければならない」とした。一方で彼は、建築家のあるべき職能の確立に奔走するようになる。

建築家の作り出す「作品」だけでは都市を作ることはできない。富家は、近代合理主義を突き詰めていった先に、「作品」ではない建築のあり方を見いだそうとしたのだろう。それは結果的に、歴史都市らしい京都の落ち着いた表情を作り出すことに貢献することとなった。

VIII 保存と演出

二〇〇七年から始まった京都市の新景観政策は、大きな注目を集めている。国の法律として景観法が二〇〇四年に制定されたのを受けて制定されたものだが、建築物の高さやデザイン、屋外広告などを対象として、従来のわが国の景観条例では考えられない厳しい規制を盛り込んでいる。それは、わが国を代表する観光都市として、景観保存の実現が死活問題として捉えられた結果であろう。しかし、その景観政策の特徴には、デザインの誘導が含まれている点に着目すべきである。高さ制限や、看板規制の厳しさにも驚かされるのだが、それに加えて建物の形状や屋根の勾配、色などが規制されている。細かく指定された地区ごとに規制がかけられ、伝統的な意匠に馴染むことが誘導されているのだ。

ここで想定されているのは、京町家を基本とする建物意匠である。それに対して、異論も提示されてきた。もっと多様なデザインを認めるべきではないかと。そうでなければ、景観保存ではなく景観演出になってしまうのではないかというわけだ。

「Ⅲ・歴史と空間・建築」では、京都の「歴史」には二つあるとした。一つは客観的に価値付けられる歴史で、もう一つは都市に内在する都市住民が持ち得てきた歴史。つまり千年の都としての歴史と、住民が自ら持っている歴史である。そう考えると、京町家を基本とするデザイン誘導は、このうちのもっぱら前者の歴史のためのものだと言うことができるだろう。京町家は、いまや京都の観光的ブランドを代表するアイテムになっている。

そうした京都の外から価値付けられる歴史を保全しようとしているのが、現在の景観政策であると言えるのである。

しかし振り返ってみると、そうした演出的な保存や再生というのは、明治維新以降、京都では繰り返し見られたものである。明治二八年に、平安京の内裏《だいり》の建物を再現する形で建設された平安神宮から始まり、建築や景観の保存や再生は、常に京都の千年の都としての姿をことさら発信しようとする演出によって実現されてきたと言ってもよいのである。そもそも、建築や景観の保存・再生で「正しい」あり方を決めることは困難である。建築や景観にもそれ自身の歴史があるわけで、そのいつの時点の姿を保存あるいは再現するのかは、その当事者が自ら判断しなければならない。だから、いろいろな保存・再生のあり方がありえてしまう。その中で、京都は常に演出的なやり方を選択してきたということなのだろう。

ただし、保存・再生に対するそうした演出的な捉え方は、さまざまな困難を生み出してしまうことも事実である。とりわけ、後者の歴史、つまり住民自らのリアルな歴史との齟《そ》齬《ご》が生まれてしまうことは深刻である。そうした視点を持って、実際の保存と演出に関わるさまざまな事例を見てみることにしよう。

44 東山は禿山だった

東山の山容が、かつてははげ山状態だったと言ったら多くの人が驚くだろう。植生史を研究する小椋純一氏が明らかにしたことだ。名所図絵等の絵画資料などを駆使して、京都の植生景観の歴史の再現を試み、明治中ごろまでの京都周辺の山が、植生そのものがない、つまりはげ山に近い状態だったことを示したのである。

名所図絵「花洛一覧図」(部分、1808年)　描かれている東山は確かにはげ山のように描かれている。(早稲田大学図書館蔵)

なぜはげ山だったか。それは、東山の木々を燃料や田畑の肥料など資源として利用していたからである。つまり東山は「利用する山」であったのだ。

「歴史都市」京都の観光資源として、現在最も重要なのは、景観であると言えるだろう。東山の山並み景観も美しく維持されることが望ましいと考えられている。しかし、そうした景観の価値は、実はすぐれて近代のものなのである。京都だけではない。中世のヨーロッパでも、自然は人間が利用するものであるという自然観が一般的で、都市周辺の山は荒れた状態のものが多かったと言う。

では、今の豊かな東山の山容はいつ実現されたのか。まずは、明治期に多くの山が国有林となったことで、禁伐林として樹木の伐採が禁止される。そのために、徐々にアカマツを中心とした植生が定着するようになった。興味深いのはその後だ。山は伐採せずにおけば、アカマツの明るい山が、シイやモミなどを中心とした鬱蒼《うっそう》とした山へと変わっていく。その変化が、せっかく定着した東山のイメージを壊すものだと認識されるようになった。つまり森林保護より景観保護が優先されるようになるのだ。

実際に、昭和初期には、アカマツによる積極的な植林が行われている。これは風致施業《ふうちせぎょう》と呼ばれ、東山の場合には、鴨川畔のいくつかの場所から、美しく見えることが植林の目標となっている。

「歴史都市」とは、必ずしも歴史を保護するだけで生み出されるのではない。むしろ、「歴史」を意図的に作り出すことで創造されるものであるのだと言えるだろう。そして、そのような手法が確立されるのが、景観の価値が台頭するようになる近代という時代なのである。

美しい東山の山並　積極的な植林で演出されてきた。

45 都市空間の再編と祝祭空間

明治維新後、はじめて京都の中心部の空間構成が大きく変容したのは、明治末からである。明治四一年から京都市により実施された都市改造（三大事業）、とりわけ道路拡築により、ようやく京都中心部の景観も大きく変わることになった。京都駅と京都御苑を結ぶ行幸《ぎょうこう》道路として位置づけられた烏丸《からすま》通を中心に、丸太町通や四条通、今出川通などが拡幅され、近代的な都市の様相が姿を現すことになったのである。

実は、この都市改造は、東京や大阪よりかなり遅れたものであった。都市を近代的な空間に編成し直していくことは避けられないことであったが、京都中心部では、伝統的なコミュニティが強固に維持され続けたため、居住地に物理的な変容を強いる都市改造を実現することが難しかったのである。

そして、実際に実現した道路の拡幅も、古いままの町並みを強引に分断するようなものとなった。拡築直後の写真でわ

三大事業で道路が拡築された烏丸通

（『京都市三大事業』1912年）

かるとおり、広げられた街路の両側には相変わらず京町家が軒を並べる状態であり、市民からは「通りを渡っているうちに風邪をひいてしまう」などと揶揄《やゆ》されたりもしたという。この時点では、広い街路の意味は了解されなかったのだ。

しかしそこへ、大正大礼がやってくる。三大事業竣工直後の大正四年に、大正天皇の即位式が京都御所で行われ、その大礼が京都の町中をまきこんで大がかりに実施されたのである。京都市民は、さまざまな奉祝行事に熱狂した。そのようすは、当時の新聞等の報道にうかがうことができるが、その舞台になったのが、拡幅されたばかりの烏丸通であり、丸太町通であった。

大正大礼でイルミネーションが点灯した四条大橋
（『大正大礼京都府記事』1917年）

拡築された通りは、華やかな市街装飾で飾られ、夜にはイルミネーションが輝いた。こうした体験を経て、京都市民は近代的街路の意味を学習し、その価値を理解していくようになったはずである。ここでようやく、京都中心部でも、近代都市が始動したと言ってよいだろう。

46 都市美の発見

京都で都市景観が意識されるようになったのは、いつからだろうか。それは、それほど古いことではなく、明治末に実現した主要街路の道路拡築と、それに続く先に紹介した大正大礼などにより、近代的な都市空間を人びとが受容してからである。しかし、その景観意識は急速に人びとのあいだに共有されていくことになる。

旧三菱銀行京都支店（設計　桜井小太郎）（著者撮影）

たとえば、大正一四年に四条烏丸角の三菱銀行京都支店（現在は、コーナーの一部だけが保存されている・Ⅶ―53）が竣工した際の新聞記事には、「向ふ側に華麗な三井銀行支店があるので、京洛の人々は、地味と堅実を標榜する三菱が三井以上の壮麗さをもってでるか、その新築に異常の興味をつないで落成を待った」（大阪朝日新聞京都滋賀版、大正一四年一一月二一日）と報じている。つまり、人びとは企業カラーまで考えながら新しく建つ建物の姿に強い興味をいだいていたのである。

あるいは、四条大橋の西と東には、それぞれ東華菜館《とうかさいかん》とレストラン菊水の建物が今でも健在であるが、この二つのレストランの建物は、すでに紹介したとおり、ともに大正一五年に相次いで建てられたものだ。東華菜館も、当初は矢尾政という西洋レストランだったので、二つのレストランは、四条大橋をはさんでライバル関係にあった。そして、そのライバル関係が、ともに特異なデザインの建築に表現されている。それは、人びとが景観に対して強い意識を持っていたからこそである。

こうした都市景観に対する強い意識は、京都だけではなく、当時全国で見られるようになっていた。それは、米国で一八九〇年代に広まったいわゆる都市美運動が、二〇年ほど遅れて、日本でも広がった影響も大きかったと考えられる。京都でも、建築や景観に対して人びとは常に興味をいだき、常に評価を下すようになっていった。

四条大橋をはさんで並ぶ東華菜館(左側の塔のある建物。設計 ヴォーリズ建築事務所)とレストラン菊水(右端の塔屋の付く建物。設計 上田工務店)

現在、京都では新景観政策のもとで、建築や広告を強く規制する政策が進められている。しかし、このころの都市美の意識には、自由に新しい景観を生み出そうとする意志が強くうかがわれる。自由であろうとしながらも、一方で、景観の美を人びとが積極的に評価しようとする状況が前提としてあった。

だからこそ、特異な東華菜館や菊水の建物も、景観を破壊するものではなく、逆に今でも貴重なランドマークとして親しまれるものになっているのである。

47 橋梁に見る近代デザインの揺れ幅

明治末の大規模な都市改造によって四条大橋がコンクリート造で架け替えられ、そこに京都市によりセセッションというモダンなデザインが持ち込まれたことを紹介した（Ⅶ―40）。それが完成したのが大正二年だが、同じ年には、同じく台湾総督府技師による意匠設計で、四条大橋とほぼ同じデザインによる七条大橋も完成している。四条大橋はその後架け替えられたが、七条大橋はまだ現役である。

一方で、同じ時期に三条大橋と五条大橋も架け替えられているのだが、こちらは京都府が担当した。四条通や七条通が里道《りどう》であったのに対して、三条通、五条通は国道、府道であったため、その架け替えは府の仕事になったのだ。ところが、京都府により架け替えられた二つの橋は、京都市によるものと正反対とも言える姿で現れることとなった。

写真のように、いずれも伝統的なスタイルのままである。道路幅を拡幅する必要があったので、すべて木橋とするわけにはいかない。桁に鋼材を用いているが、それは雨覆板で隠している。擬宝珠《ぎぼし》もつけられたそのデザインは、

三条大橋（絵葉書）　「桃山式」でデザインされた。

五条大橋（絵葉書）　三条大橋と同様のデザインとなった。

報道では「桃山式」を採用したものだとされた。

このスタイルは、二つの橋の直前の明治四五年に、やはり京都府により架け替えられた宇治川の宇治橋にも見られたものだ。その時には、府の担当者は「架換工事を行ふに当り広く旧記を尋ね諸種の記録を猟《あさ》りて初めて之を明らかにする」とし、デザインの歴史的根拠を研究したとしている。

ではなぜ京都市と京都府で同時期に架け替えられた橋梁のデザインが、モダンスタイルと桃山式というように、正反対とも言えるようなものとなったのか。当時、府と市は鴨川の東側の堤に敷設する鉄道計画をめぐって対立していた。五条通から丸太町通まで敷設しようとした市の計画案に対して、府知事は鴨川の風致を乱すとして認めなかった。結局、市は計画を五条から三条までと縮小せざるを得なくなる（現在の京阪鴨東《おうとう》線）。つまり、市が京都の近代的改造を積極的に目指したのに対し、府は風致保存を強く打ち出していたのである。橋梁デザインに見られた極端な違いは、おそらくそうした都市の近代化に対する立場の違いを示すものとしてあったのだと思われるのだ。

48 景観演出としての嵐山の桜

京都は確かに多くの歴史遺産を有している。しかし、その遺産をただ放置していただけでは、「歴史都市」として評価される都市になることはできない。歴史遺産を価値づけて活用し、あるいは演出していくことが求められる。そして、そうした実践の積み重ねが、「歴史都市」京都を作ってきた。その実践のひとつとして桜がある。

嵐山大堰川の右岸の山桜　まだらに山桜が咲いているようすがわかる。（著者撮影）

桜の名所と言えば、円山公園、平野神社、嵐山などが代表的な場所だ。こうした名所は、近代以前からのものだ。しかし、多くの人びとが実際にこうした名所に足を運んで桜を愛でるようになるのは近代以降のことである。その典型が嵐山だ。明治三〇年に嵯峨《さが》駅（現・ＪＲ嵯峨嵐山駅）まで京都鉄道が開通し、明治四三年には嵐山電気軌道（現・京福電気鉄道嵐山本線）が開通する。この鉄道開通によって、桜の季節の嵐山には今までには考えられなかった数の花見客が押し寄せるようになる。

それまで天竜寺の寺領であった嵐山の桜は、維新後に上知され農商務省の所管になっていた。多くの花見客を集める事態に、桜を保存するための保勝会が作られ、さらに直接管理する営林所は、大正期に積極的に山桜の植林を行った。それだけではない。近代の山並みの歴史を研究する中嶋節子氏は、昭和八年に大阪営林局による嵐山風致林施業計画が、渡月橋から大堰《おおい》川の右岸に計画・実施されたことを明らかにした。施業とは植樹や管理のことであるが、ここで実施されたのは、山桜とアカマツを「何処の地点を切り離しても、一幅の絵画となし得る」ように市松模様に植林（市松式画伐法）するというものであった。きわめて演出的な植林である。

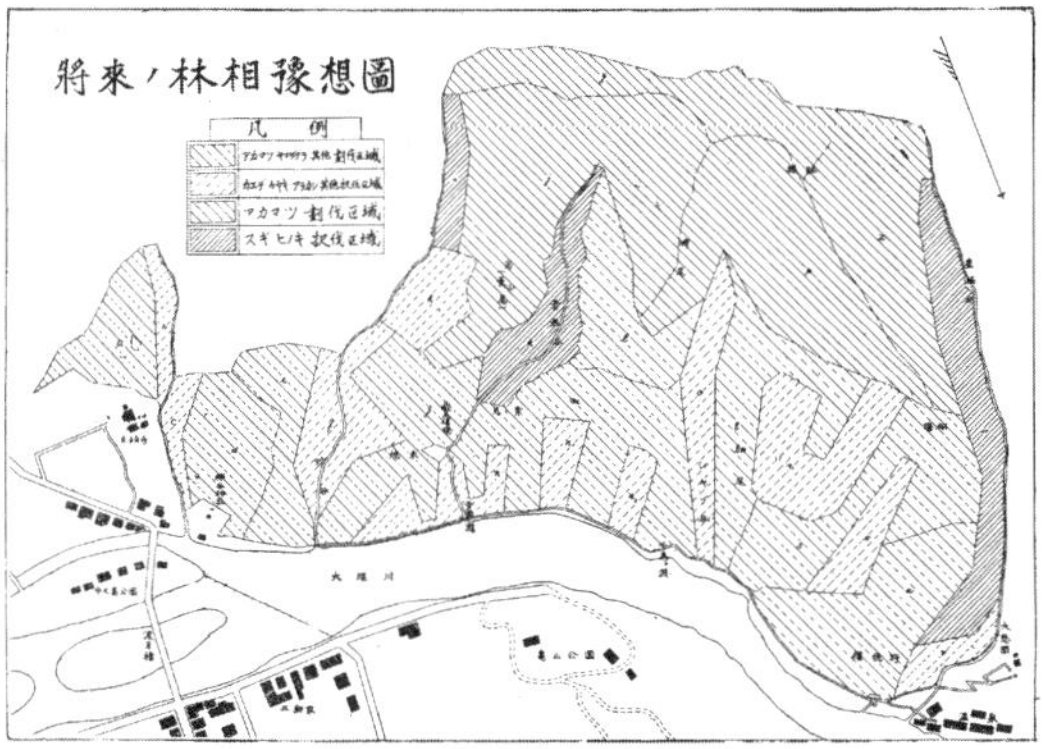

昭和８年に実施された大阪営林局による嵐山風致林施業計画(『嵐山風致林施業計画書』1875年)

今、われわれが見る桜の美しい姿は、こうした努力によって実現していると言ってよい。古くからの桜の名所は、近代の花見客に応えるために、桜の保存や植林を積極的に実施してきた。そして一方では、新しい桜の名所も作り出した。岡崎の琵琶湖疏水沿いや植物園には、幕末に江戸近郊で開発され全国に普及した新種であるソメイヨシノが大量に植樹され、それまでとは異なる桜並木の景観を作り出していったのである。桜の名所も、京都の近代化過程で、変容しながらも新たな発展を遂げていたのである。

49 五山あて

本書では、ここまで明治維新後の人びとが京都という街をどのように認識し、改造し、また演出していったかに注目してきた。それは、単純に「近代化」という概念で捉えられるものではなかった。そこには、みやことしての千年以上の歴史の重みの上に、今までとは異質な近代社会を築かなければならないという困難な課題があった。しかし、その課題に挑んださまざまな試みが、現在の「歴史都市」京都を作ってきたと言えそうである。

とりわけ、歴史の演出は、京都の近代過程に最も特徴的な試みであったのではないか。平安京や社寺や名所のイメージを、近代社会が求めるビジュアルな表象に巧みに変換していった。ここでは、その究極とも言える例を紹介したい。と言っても、これは確証がない。もし、このことについて情報をお持ちの方は、ぜひともご教示いただきたいのである。

西大路通から北を見ると左大文字が正面に見える

昭和戦前期に北大路や西大路の外周街路が都市計画事業として新設され、それに沿った大規模な土地区画整理が実施されたことは、すでに紹介した。しかし、その街路は不思議な特徴を持っている。西大路を北に向かって進むと通りの先の正面に「左大文字」が見える。北大路も一部の区間で、通りの先の正面に「左大文字」が見える。東大路は北に「妙法」の法の字が見える。その他にも、五山の送り火の文字がピッタリと正面に見える場所が多いのである。この一連の外周道路は既存の街路を拡張した部分は少ない。多くの部分が市街化されていない場所に新設されている。つまり、街路の位置・方向は、ある程度自由に設定できた。だとすれば、五山の送り火があまりにも見事に見える状況には、なんらかの計画、つまり景観演出とも言える計画の存在が疑われるのである。

北大路通から西を見ると左大文字が正面に見える

本書で紹介してきた、「歴史都市」京都を作ろうとする人びとのさまざまな試みから考えてみて、私はこれもその試みの一つして計画されたものに違いないとにらんでいる。

近世の城下町では、街路を計画するさいに、主要な街路の先に山や城を見せることがよくあった。それは「山あて」や「城あて」とも呼ばれたが、京都の街路計画でも同じように「五山あて」のようなことがあったのではないだろうか。もしそうした計画があったのだとすれば、「歴史都市」を作る演出が都市計画に見事に反映された例としてきわめて興味深い。

50 建築保存の発信地

京都が「歴史都市」として評価されるためには、歴史遺産を積極的に活用、あるいは演出していくことが求められ、実際に近代の京都ではさまざまな試みがなされてきた。ただ、近年に実施されるそうした試みの中には、多くの課題をかかえてしまうものも少なくない。近代建築の保存・活用は、その典型例であろう。

中京郵便局　わが国の壁面保存の先駆となった。鉄筋コンクリートの新築建物に煉瓦壁を貼り付けている。（設計 吉井茂則）

京都は、戦災や震災といった大規模な都市災害を経験しなかったこともあり、実は、明治・大正・昭和戦前期に建設された、いわゆる近代建築も歴史遺産として、きわめて質の高いものが残されてきた。東京や大阪にも見られない、貴重な様式やスタイルのものも多い。もちろん、戦後にはそのうちの多くのものは、建て替えなどにより失われてしまったが、一九七〇年代ごろより、それらも歴史遺産として認識する機運が高まり、積極的な保存・活用が計られるケースも増えてきている。

ただ、高密度に建築物が並ぶ都市では、古い建物をそのまま残すことは難しい。新しい機能を古い建物に担わせる工夫が求められることになる。その工夫の一つの答えが、一九七八年に実現した三条通の中京郵便局（旧・京都郵便電信局）の改築である。明治三五年に建てられた煉瓦《れんが》造の建物の保存が叫ばれたため、鉄筋コンクリートで新築した建物の外側に古い煉瓦の壁面を貼り付け、外観を古いまま残したのである。

この壁面保存とも呼べる保存手法は、その後全国に波及するようになる。しかし、波及する過程で、保存される壁面の割合が減っていく。まるで、近代建築の保存とは、保存壁面をどれだけ確保できるかで「保存度」が決まるような事態になってしまう。東京中央郵便局の高層ビル（ＪＰタワー）への改築で、当時の鳩山邦夫総務相の一言で、保存壁面が少しだけ増えたことは記憶に新しい。京都でも、四条烏丸の京都三井ビルディング（一九八〇年新築）のように、古い建物（三井銀行京都支店・大正三年築）のコーナー部分のごく一部しか残されないようなケースも登場した。

京都三井ビルディング　大正時代に建てられた三井銀行京都支店は京都を代表する様式建築だったが、その建物のコーナー部だけを貼り付けている。

世界遺産の登録などの価値判断としてオーセンティシティという概念がある。その遺産が質的に本物であるかどうかという概念だ。壁だけになって新しい建物に貼り付けられた近代建築は、明らかにオーセンティシティは失われてしまっている。それでも、こうした壁面保存は歴史遺産の活用ということになるのだろうか。考えさせられることだ。

51 歴史を「新築」する

新築された古い建物。そんな矛盾を体現しているのが、このみずほ銀行京都中央支店の建築だ。すでに紹介しているが、もともとは、明治三九年に第一銀行として建てられた煉瓦の建物だった。設計したのは、明治・大正期のわが国の建築界をリードした辰野金吾《たつのきんご》。煉瓦の東京駅の設計者としても知られている。その建物が、二〇〇三年に建てかえられた。といっても、鉄筋コンクリートで新築されたのは、もともとの煉瓦の建物とそっくり同じ形のものだった。コンクリートで作って、煉瓦風のタイルを張っているのである。

なぜそうなったのか。この建物が立地する三条通が、京都市によって「界わい景観整備地区」に指定されていたからだ。歴史的景観の維持が求められたのだ。古い建物を取り壊す際には、入念な採寸が行われた。しかし、古い部材は新しい建物にほとんど使われていないという。

不思議な新築である。近代建築の保存は、これまでさまざまな手法が試みられてきたが、景観保存のために同じ場所に同じ形で新築するというのは、全国でも初めてのケースであろうと思う。この背景には、古い建物を使い続ける価値に対する認識の低さと、歴史の保存を外観の形状だけに限定してしまう矮小《わいしょう》化が存在する。

しかし、この事例が登場した七年後の二〇一〇年に、東京丸の内でも、同じような再現建築が登場した。明治二七年に日本で最初のオフィスビルとして建てられ、戦後に建て替えられてしまった三菱一号館を、もう一度再建したのである。ただし、こちらは煉瓦造や石の装飾もまったく同じものとして再現した。つまり、外観の形状だけの再現ではなくなっているのだ。

建築にとって、歴史が、きわめて重要な要素になりつつある。問題は、その歴史がどのように新たな建築の表現の中で具体化されるのかであろう。こうした、いわばレプリカを作って建築の歴史を再現する形が、その方法としてどのように評価できるものなのか改めて考えてみる必要があるだろう。

みずほ銀行京都中央支店　古い建物とそっくりな形で新築された。（著者撮影）

52 近代建築の新たな活用

京都には近代建築の歴史的遺産も、優れたものが数多く残されている。戦後、建て替えが進み、だいぶ失われてしまったが、近年は近代の歴史遺産も文化財として認められるようになり、保存されるものも増えてきた。しかし、先に紹介したように、保存のための保存とも言うべき、特定の部分だけ保存して、文化財的価値が失われる例も多くなってきている。一方で、古い近代建築に新しい価値を加えるような保存例も登場するようになった。やはり建物の一部を保存するものなのだが、新しく加えられた部分が、古い建築の部分に新しい価値を生み出したような例である。

新風館　電話局(吉田鉄郎設計・1926年築)の建物の一部を商業施設の中に活用した。設計はNTTファシリティーズとリチャード・ロジャース。

たとえば、烏丸三条の新風館。昭和初期に建てられた京都中央電話局の建物の、烏丸通に面した部分を残し、裏に鉄骨を組んだ現代的な中庭を作り商業施設として二〇〇一年に再生させた。新風館効果などとも呼ばれ、三条通が賑わいを取り戻す契機にもなったと言われるほど、多くの集客を誇る施設となった。古い建物が、商業空間に新鮮なイメージを与えているのである。

あるいは、四条烏丸のＣＯＣＯＮ　ＫＡＲＡＳＵＭＡ（古今烏丸）。やはり昭和初期に建てられたオフィスビル（丸紅ビル）の正面に新しい壁を築いて、二〇〇四年に商業施設に再生させた。近代建築の価値は、一般に、街路に面した壁面の存在にあると考えられるのだが、この保存では、その前に壁を建ててしまっている。いままでの保存手法ではありえなかった方法だ。しかし、その壁の存在が、古いビルの雰囲気を、現代的な価値に高めることに成功している。

二つの例は、ともに建築家が保存の手法を、いわばデザインしたものだ。そこには、古い建物の残し方について、新しい提案がある。従来、文化財として認められた建築物の保存は、できるかぎり建築のすべてを残すことが目標となってきた。しかし、文化財の概念は確実に拡張してきている。とりわけ、近代の建築は、単に歴史的価値だけではなく、それを活用できる価値も重視されるようになってきていると言えるだろう。そこで求められるのが、古い建物の使い方なのだ。そして、そこには「歴史都市」をどのように演出し再成していくかという、新たなマスタープランも必要になってきている。

COCON KARASUMA（古今烏丸）　昭和初期に建てられた丸紅ビル（長谷部竹腰建築事務所設計・1938年）を商業施設に再生させた。設計は隈研吾。

53 守れるか四条烏丸交差点

四条烏丸の交差点という、京都の「顔」とも言うべき場所に、五年以上も空き家のままだった歴史的建物があった。大正一四年に三菱銀行京都支店として建設された建物だ。二〇〇一年にこの建物の建て替えを公表した東京三菱銀行が、建て替えのために仮店舗に移り空き家になっていたのだ。

すでに紹介したとおり、この建物の竣工を伝える大正時代の新聞記事は「新築中であった京都市烏丸通四条東南角三菱銀行京都支店はこのほど竣工したので、(中略)。向ふ側に華麗な三井銀行支店があるので京洛の人々は地味と堅実を標榜する三菱が三井以上の壮麗さをもって出るかその新築に異常の興味をつないで落成を待っただけ注視の的となっていた。」(大阪朝日新聞京都滋賀版、大正一四年一一月二一日)と伝えている。

ここで「華麗な三井銀行支店」としているのは、四条烏丸の北東角に建っていた三井銀行京都支店(大正三年築)のことである。こちらは確かにバロック的な壮麗なデザインだった。それに比べれば、この旧三菱銀行の方は、同じように古典的な列柱を使いながらも、より「堅実」なデザインと言えるのかもしれない。しかし、ここで興味深いのは、新しく登場する建築物のデザインに、このように人びとが強い関心を持っていたという事実である。

すでに三井銀行京都支店は取り壊され、一九八四年に京都三井ビルディングが新築された。しかし、専門家から保存を強く求められたため、古い建物のコーナー部のごく一部だけが、新築された建物に貼り付けられている。そして、長年放置されていたこの旧三菱銀行の建物も、ついに解体され新しいビル（京都ダイヤビル）に変わることになった。やはりこちらも日本建築学会などから保存要望書などが提出されたが、結局、三井ビルと同様にコーナー部分のごく限られた部分だけしか残されなかった。

京都を代表する景観がどうなるかという問題である。大正時代と同じように、もっと注目される話題となってもよかったはずだ。歴史的デザインに人びとが大きな魅力を感じるようになっている。ごく一部だけ何かの印のように残されたデザインに、その魅力を感じとることは難しいことを、現在の四条烏丸の景観は実感させてくれる。

京都ダイヤビル　三菱銀行京都支店のコーナー部分が保存されている。2007年竣工。

54 保存手法の新たな展開

すでに新たな手法の保存として、COCON KARASUMA（古今烏丸）を紹介した。これはこれからの近代建築の活用に多くの示唆を含んだ興味深い例なので、もう少し踏み込んで考えてみよう。この建物は名前のとおり、烏丸通に面した四条烏丸というビジネスセンターに二〇〇四年にオープンしたファッションビルである。

新築ではない。奥に見える大きな建物は、昭和一三年に竣工した京都丸紅ビルである。戦後に進駐軍の西日本司令部に使われたこともあり、古い京都の人びとには記憶に残る建物だ。建てられた当時は、こうしたまったく無装飾のオフィスビルというのは京都にはほとんど存在しなかった。近代オフィスビルのさきがけである。その歴史的建築を、部分的に改修し、映画館やさまざまなショップが入るビルとしてよみがえらせたのだ。

その改修において最も特徴的なのが、建物の前に新しく加えられた、ガラスを主体とした壁である。京唐紙《きょうからかみ》に使われる古典文様をガラスの中にはめ込んでいる。この改修設計を手がけたのは建築家、隈研吾《くまけんご》だ。彼は近年、ファッションブランドの建物のデザインなどにも手腕を発揮している。近年のファッションビルの表層的なデザインのおもしろさを、ここでも巧みに取り入れているのだ。

このデザイン的な処理については、賛否両論である。「透明感のあるデザインが京都にはなかったもので新鮮だ」とする意見もある一方で、「京都の街には似合わない」「古い建物の魅力が損なわれた」などの意見も多い。しかし、このデザインの本質的な意義は、近代建築の保存・再生の手法として、今までにない方法となっていることにあるのだと思う。

これまでの保存の手法とは、建築物の外観に価値を置いてきた。部分保存とされるものも、そのほとんどは外観の部分であり、新しいデザイン処理とは、常に建物の内側に仕掛けられるものだった。それに対して、この改修は、建物の外観のさらに外側にデザインが仕掛けられている。この画期的とも言うべき方法こそが、問われるべきなのだろう。

隈は、こうした保存・再生の事業は知的なゲームと捉えるべきだと言っている。つまり、歴史の価値とは絶対的なものではなく、建築家や行政など、保存・再生に関わる人びとの駆け引き（ゲーム）で、その価値の表現が決められていくのだと言う。その場合に、現状で欠けているプレイヤーは、生活者ということになるのではないか。この再生事業のデザインをきちんと評価することができるのか。われわれの力量が問われていると思うのだ。

COCON KARASUMA（古今烏丸）　夜になるとガラスの壁面が美しく光る。（著者撮影）

Ⅸ 京都周辺のまち

最後に、京都の街から離れた場所での近代をながめて見ることにしよう。

京都にはベッドタウン、あるいは衛星都市と呼べるような場所がない。もちろん、都市としてそれだけの経済的力がないということもあるだろうし、三方を山に囲まれたロケーションから、東京や大阪のようないわゆる郊外電車が敷設されず、住宅地を作る場所もないということもあるだろう。北野白梅町の衣笠園や北白川の小倉町のように、戦前に住宅地開発が実施された例はあるが、いずれも京都市内の周辺部に限られている。いずれにしても、東京や大阪のような広域な都市圏のようなものは形成されず、都市としての独立性が高いのである。

それもあり、京都周辺の都市も、それぞれ自立性が高く個性的な街となっているものが多いのだ。例えば大津。距離的には、京都の中心部からも近い場所にあり、最近は大阪や京都のベッドタウン化も進みつつあるが、琵琶湖を望み古刹・三井寺《みいでら》が構えるその歴史・風土は、明らかに京都とは別のものである。あるいは伏見。こちらも、伏見城築城とともに作られた城下町であり、その明快な空間構成は明らかに京都と異なるものである。北を望むと、山陰道や鯖街道をたどって丹波や若狭につながるが、そこに展開される多くの都市も、京都からの距離が遠いこともあり、やはり京都とは別の自立した歴史・風土を築いてきたと言えるだろう。

近代になり、鉄道が敷設されると、こうした近隣の都市との人や物資の交流は盛んになる。それでも、それぞれの都市に異なる近代化がやってくることとなった。大津で言えば、結果的には期待通りにはならなかったものの、国際観光リゾートとしての位置づけが与えられる。伏見には、第一六師団がやってくる。現在の酒造りの街としての性格は、この軍隊のために酒造業が急速に発展したことが契機になっている。

そして、北部地域で言えば、舞鶴だ。もともと田辺城の城下町だった街に、明治三四年に鎮守府《ちんじゅふ》が置かれることとなった。この時に、海軍と京都府により大規模な都市計画事業が実施され、軍艦の名前をつけられた街路により構成される碁盤の目の街（東舞鶴）が誕生する。あるいは綾部には、郡の目標、つまり「郡の是」を掲げて紡績業の郡是（現在のグンゼ）が明治二九年に創業し街の中核産業となっていく。

こうした独自の近代化の過程が、京都の周囲の都市で次々と展開されていった。もちろん、それが京都の街に与えた影響も少なくなかったはずだ。しかし、それでも京都の都市としての自立的な性格は変わらなかったと言えるだろう。京都の人は京都に住み続ける。都心居住がこれほど根付いている都市もめずらしい。近代化は、都市の境域をあいまいにし都市域を拡散させるはずだが、京都は都市の自立性を維持したまま近代化を遂げた。これも京都の特徴と言えるのかもしれない。

55 煉瓦の町によみがえるトンネル

舞鶴にある、とても魅力的なトンネルを紹介したい。自転車歩行者道路なのだが、それにしては重厚なつくりだ。古びているが、丁寧な補修が行われ、ガス灯風の照明がつけられている。

ここには、かつて鉄道が走っていた。軍港として栄えた舞鶴には、明治期より舞鶴駅から港に通じる引き込み線があったのだ。戦後も利用されていたが、一九七二年に廃線となった。最近は、使わなくなった古いトンネルを遊歩道などに改修して利用する例が増えてきたが、舞鶴でもこの廃線となったトンネルを活用することとなった。ただし単なる活用ではない。舞鶴市は煉瓦の意匠を美しく浮かび上がらせる演出を加えて蘇らせたのだ。

さらに、自転車歩行者道路とするため、廃線跡の約八〇〇メートルに、煉瓦《れんが》による舗装を施した。そうした努力は、舞鶴が「煉瓦の町」だからだ。

舞鶴には、旧海軍ゆかりの煉瓦の倉庫が群として残っている。すでに使われなくなった倉庫も多い。かつては、「やっかいもの」と思われていたその倉庫群に光が当たるようになるのは、一九八〇年代末ごろから。九〇年代に入ると、倉庫の活用をめざす市民グループ（現在のＮＰＯ法人・赤煉瓦倶楽部舞鶴）が結成される。煉瓦倉庫を利用したジャズコンサートが毎年開催され、同じように煉瓦倉庫の活用を模索する横浜や呉などとの連携も実現する。
そして、赤煉瓦倉庫を改修してさまざまな施設として再生する試みも進んでいる。しだいに、舞鶴は「煉瓦の町」として広く知られるようになっていった。

ここで注目したいのは、現在の行政や市民グループの活動だ。単に今ある歴史遺産の活用だけを考えているのではない。次々に煉瓦の遺産を発掘しようとしている。倉庫以外の小さな施設も含めた詳細な煉瓦遺産を紹介した「舞鶴れんがマップ」も作られている。

北吸トンネル　旧軍港引込線北吸隧道を活用してできた煉瓦作りの自転車歩行者道路。ガス灯風の照明が、歴史的な雰囲気を演出している。（筆者撮影）

そして、市民グループは、新たな煉瓦の遺産や活用例を発掘することを目指し「舞鶴赤れんが賞」をスタートさせた。実は、このトンネルを含めた自転車歩行者道路は、二〇〇四年度（第二回）の赤れんが賞に輝いたものなのである。

まちづくりに歴史遺産を活かそうとする試みは、今各地で行われている。しかし、ここで重要なことは、自分の町をつねに発掘し続けることであろう。舞鶴の「煉瓦の町」が成功しているのは、まさにそうした姿勢が明確であるためなのだ。

56 舞鶴煉瓦倉庫

倉庫の間の空間では毎年ジャズコンサートが開かれる　反射する音がとてもよく響く。この周囲の７つの煉瓦倉庫が、2008年に国指定重要文化財に指定された。

改めて、舞鶴の赤煉瓦について紹介しよう。全国で赤煉瓦の建築の活用が盛んになっている。一九九一年に、まちづくりの中で煉瓦建築の保存と活用を実践している全国の団体が連携して赤煉瓦ネットワークが組織された。そして、横浜赤レンガ倉庫や函館の金森赤レンガ倉庫など、ウォータフロント開発の中で見事に再生される例も増えてきた。そうした中で、関西で注目を集めるようになってきたのが、舞鶴の煉瓦倉庫の活用事業なのだ。

軍都として栄えた舞鶴には、煉瓦の倉庫が数多く残されている。明治三四年に舞鶴に鎮守府が開かれて以降、大正一〇年までに、軍需品等保管倉庫として次々に赤煉瓦倉庫が建設され、その多くが、戦後も民間の倉庫会社や海上自衛隊の所有となり残されてきたのである。このうち、市役所に隣接する五棟が舞鶴市の所有となり、国所有の三棟も市が管理するようになった。

これらの倉庫の活用事業に長年にわたって取り組んできたのは、

舞鶴市と赤煉瓦倶楽部舞鶴（ＮＰＯ法人）である。倉庫を「赤れんが博物館」や「舞鶴市政記念館」、「まいづる智恵蔵」などの文化施設として再生させたが、それだけではない。赤煉瓦ジャズライブと称して、倉庫群の中でのジャズコンサートを毎年開催し、二〇〇八年からは倉庫群を使った大がかりなアート・プロジェクトも始まった。

ここで注目したいのは、他の地域での煉瓦倉庫の活用が、主に商業利用であるのに対して、舞鶴の場合は非営利の事業であることだ。外からの観光客を集めることよりも、舞鶴市民のためのまちづくりが事業の柱になっている。だからといって内部に閉じた活動ではない。ジャズライブもアートイベントも当代一流のプレイヤーやアーチストを招いているし、彼らとのネットワークも構築されている。

まいづる智恵蔵　明治35年に鎮守府兵器廠弾丸庫並小銃庫として建設された倉庫。設計図をもとに瓦屋根や木枠のガラス窓などを忠実に復元しながら、現代の展示空間として再生している。

こうした活動が可能になったのは、もちろん担った人びとのセンスと努力によるものではあるのだが、他方で、舞鶴の赤煉瓦倉庫の魅力によるところもあるのだと思う。赤煉瓦は、周囲に緑が豊かな山が迫る日本の都市によく似合うと言われる（緑と赤は補色関係だ）。とりわけ、舞鶴の街には山が迫っている。緑を背景にした煉瓦倉庫は、倉庫であるにもかかわらず、驚くほど美しいのである。

57　ホフマン窯

舞鶴には、煉瓦倉庫のほかにもう一つ、すごい産業遺産が残されている。すでに国登録有形文化財にもなっている舞鶴市西神崎のホフマン窯だ。

赤煉瓦の倉庫などを大量に建設しようとすれば、その煉瓦を焼く窯が必要となる。その窯も、伝統的な登り窯ではなくドイツ人のホフマンが考案した隣接する窯に火を順次回していくホフマン窯が使われるようになる。かつては、日本国内に数多くのホフマン窯が存在したが、今残されているのは、この舞鶴の窯を含め四基だけになってしまった。

舞鶴のホフマン窯の歴史は古い。明治二〇年に煉瓦製造会社が創業を始めている。ただし、そのころはまだ伝統的な登り窯だった。その後、大量に煉瓦が必要になりホフマン窯が採用され、赤煉瓦倉庫をはじめとして多くの建築の煉瓦を焼き続けたが、煉瓦の需要がなくなる戦後に製造を終えることになる。

ホフマン窯（神崎コンクリート株式会社旧煉瓦窯）
長年放置されてきたため倒壊の危機にある。

この産業遺産のシンボルは、何と言っても高くそびえる煉瓦の煙突だ。最初に登り窯のために作られた一本の煙突が特に高く、その後にホフマン窯のために作られた一〇本の煙突が並ぶようになった。そして、ドーム状に作られた窯（焼成室）の内部も美しい。

こうした特異な遺産をどのように活用してどのように残していけばよいのか。赤煉瓦倉庫の再活用に取り組んできた赤煉瓦倶楽部舞鶴（NPO法人）は、このホフマン窯の活用についても、さまざまに模索し続けた。ただし残念ながら、使われなくなってから久しい施設であるために、老朽化が予想以上に進んでいる。風化が進み崩落している部分もある。最近になって、新たに設立された舞鶴文化教育財団により、補修に向けての専門家の調査が行われたが、やはり損傷の度合いは深刻であるようだ。

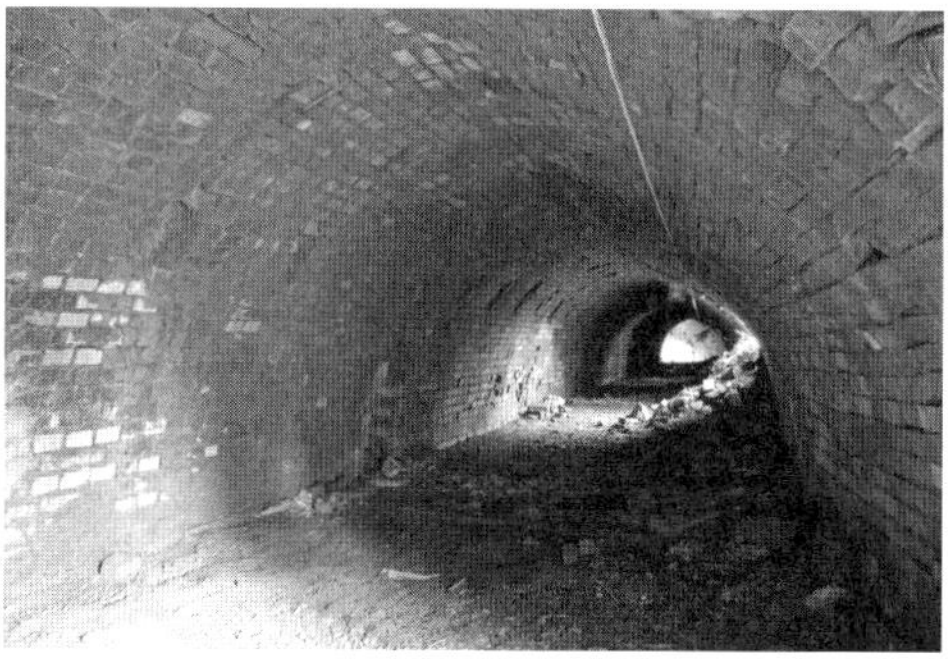

焼成室　修復には文化財としての価値が損なわれないことが求められ、一方で構造的な強度も求められる。

そして、二〇〇四年に舞鶴文化教育財団が取得することになり、修復に向けた調査を行っていたが、二〇一二年からようやく修復工事が始まったようだ。何らかの方法で、この特異な造形が、舞鶴の歴史の記憶を語るシンボルになってほしいと思う。

こうした産業遺産をどのように価値づけていけるのか。いま、地方都市における文化政策のきわめて重要な課題になりつつあるのだ。

58 師団の街

景観とは、重層した歴史の多様な痕跡が現れるときに、はじめて豊かさが生み出される。その意味で、伏見は注目すべき街である。歴史の痕跡が多種多彩な形で残されているからだ。

もちろん、街の骨格は秀吉の伏見城の城下町として作られた。城の大手門に通じる城下町のメーンストリートが大手筋であるが、伏見の大手筋は、今でも賑やかな商店街だ。そして遠見遮断《とおみしゃだん》、つまり城下に敵が攻め入った時に、街を見通せないようにするための丁字路や鉤《かぎ》型路が各所に残されている。ただし、伏見城は三〇年ほどしか続かなかったが、その後も高瀬川を使って大阪からの物資を京都に運ぶ京都の外港としての役割を担う、いわば港湾都市として栄えた。

近代になっても、この水路を使った港湾都市としての性格は維持され、明治二三年に開削された琵琶湖疏水も、その後明治二七年に伏見まで通じ、岡崎（蹴上）と同じように舟運のためのインクライン（水位の落差がある二つの水路の間をケーブルカーのよ

聖母女学院本館　戦時中には赤煉瓦が空襲の目標にされないように黒く塗られていた。初めから女子大の校舎であったかのようにたたずんでいる。

うにして船を運ぶ装置）も設置された。

しかしなんといっても、近代の伏見を大きく変えたのは明治三八年に深草に置かれた旧日本陸軍第一六師団である。その歴史は師団街道の通り名などに今でも残されているが、伏見のもうひとつの顔である酒造の街も、実はこの師団により再興されたものなのである。もともと伏見の酒造は城下町や港町をマーケットとして成立したものだが、その後は著しく衰退してしまった。それをいっきに復興させたのが、二万人規模の兵隊を擁する師団の設置だったのだ。だからだろう、伏見の酒の銘柄には、兵隊好みの勇ましいものが多い。

第16師団の門柱と歩哨舎　京都市消防学校敷地内にあった遺構を市民の募金活動と京都教育大学の敷地提供により移設・保存が実現。

師団の跡地は、戦後、聖母女学院、龍谷大学、京都教育大学のキャンパスとして利用されるようになり、この辺りを教育の場に変えていった。ただ、師団の痕跡はちゃんと残されている。聖母女学院本館は、明治四一年に建てられた第一六師団司令部庁舎をそのまま利用したものである。軍隊の建築と言っても、さすがに庁舎建築であり、明治建築の華やかさを伝えている。また、京都教育大学の中には、関係者の努力により、さきごろ近くに残されていた門柱と歩哨《ほしょう》（警戒の任につく兵士）舎が移築された。こうした痕跡が残されることで、われわれは初めて、歴史の豊かさを景観として感じることができるのである。

59 実験住宅

木津川・宇治川・桂川の三川が淀川へと合流する場所として知られる大山崎町には、その美しい風景に相応しい優れた建築遺産も残されている。一つは、室町時代に創建された妙喜庵《みょうきあん》に残っている、唯一の千利休作とされる国宝の茶室・待庵《たいあん》である。また、アサヒビールが創業者の山本為三郎《やまもとためさぶろう》のコレクションを展示する大山崎山荘美術館があるが、これも、昭和七年に完成した見事な洋館である大山崎山荘を、アサヒビールが買い取って美術館にしたものである。建築家・安藤忠雄《あんどうただお》設計の新館とともに、その建築が美術館の大きな見所となっている。

聴竹居の外観　現在は、「聴竹居」倶楽部が管理しており、見学には事前の連絡が必要。

しかし実はもう一つ、あまり知られていないが、日本の住宅建築を語る上で、重要な作品が、大山崎山荘に近い山の中腹に残されている。藤井厚二《ふじいこうじ》という建築家が、昭和三年に建てた聴竹居《ちょうちくきょ》という住宅遺構である。藤井厚二は、東京帝国大学工科大学建築学科を卒業し、竹中工務店に勤務した後に、京都帝国大学建築学科の教官に迎えられた建築家である。

藤井は、京都帝大に着任すると大山崎の地に尾根一つ分にもおよぶ一万坪もの土地を購入し、そこに「実験住宅」として、次々に自邸を作り続けたが、その最後の第五回住宅だけが現在残されており、それが聴竹居と名付けられた遺構なのである。

藤井の大学での専門は、室内環境学だった。そこで、日本の気候風土に適合する住宅の「実験」を続けたのである。確かに、聴竹居には室内環境に関するさまざまな工夫が見て取れる。しかし、聴竹居が持つ価値は、むしろそのデザインにある。居間を中心とした空間の構成や意匠は、きわめてモダンなものだ。しかし、そのデザイン要素の基調には、数寄屋《すきや》の伝統を感じさせる日本趣味が貫かれている。それは、モダンな「和」とも言える独創的なものだが、奇をてらった感じはせず落ち着いた美しさを実現している。

聴竹居居間　モダンなセンスと日本趣味の要素が上手に融合していて、現在のわれわれが見ても新鮮なデザインだ。

この住宅は、今でも、建築を志す学生や若者は一度は見ておかなければならない作品だと言われており、見学者が絶えない。藤井は昭和戦前期に、京都市内の住宅にも多くの作品を残していて、ほかの工務店が設計した同じ時代の住宅にも、その影響が色濃く反映されたものが多い。おそらく、日本趣味を近代的感覚で扱うデザインは、この大山崎の住宅が原点になっているのである。

60 畳敷きの教会堂

すでに紹介したように、京都御苑の周辺には、明治期に多くのキリスト教の教会や学校が進出した。御所の近くであるという位置が、新たに布教活動を進める教団にとって重要だったのであろう。そして、そこに建設された教会堂や校舎も、当時わが国の近代建築の技術や意匠を代表するような、きわめて質の高いものであった。

一方、京都の中心部から離れた地域でもキリスト教の布教は進められていった。その場合、そこに建設される建物は、中心部のものほど高い質のものは望めなかった。しかし、逆に、西洋近代の正統な質を持たないものとして、まったく異なる魅力を持つものも登場するようになるのだ。その典型と思われるのが、宮津市に残されているカトリック宮津教会・聖ヨハネ天主堂である。

カトリック宮津教会・聖ヨハネ天主堂外観　現役で使われているものとしては、わが国で最も古い教会堂のひとつ。

明治二九年に建てられた教会堂の外観は、小規模だが正統なロマネスク様式である。ただし、正面からは石造りのように見えるが、構造は木造だ。そのことは、一歩その堂内に入ると了解される。本来ならば石で作るアーチのかかった天井が、見事に木造で再現されている。そして、驚くのは床だ。椅子席ではなく畳敷きである。明治期には畳敷きの教会は、そう珍しいものではなかったようだが、現在もそのまま残されているのはきわめて貴重である。畳には、ステンドグラスの彩色された影が時間とともに動いていく。おそらくこの特異であるがどこか超越的で美しい空間は、ヨーロッパの教会堂では決して体験することはできないであろう。

設計したのは、ルイ・ルラーブという神父。明治期に来日し、昭和の初めに亡くなるまで、ほとんど宮津にあって伝道を続けたという。おそらく彼の示した設計案に、地元の大工が応えて建設したのであろう。西洋の教会堂の様式や特徴を正統に受け継ぎながら、日本の伝統的な技術やしつらいが見事に融合している。

カトリック宮津教会・聖ヨハネ天主堂室内　畳敷きの床には、ステンドグラスの色が映り美しい。

宮津に奇跡的に残るこの畳敷きの教会堂には、日本にキリスト教が根付いた理由が示されている。神父たちは、日本の伝統文化と上手に折り合いをつけることで、日本の津々浦々まで布教を進めることができたのである。

61 元県庁舎

現在のような四七都道府県に整理される前、明治維新の直後には、日本には数多くの府県が存在した。明治四年の廃藩置県直後では、三府三〇二県もあった。実は、現在の京丹後市の久美浜もその中の一つ、久美浜県だったのである。ただし、廃藩によって生まれたのではなく、慶応四年に新たに設置されたものだ。

その久美浜県の存在を物語るのが、現在、参考館として残されている久美浜県庁舎の遺構である。遺構といっても、玄関部分のみ残されたもので、しかも移築により場所も移っている。しかし、明治三年に建てられた県庁舎として、文化財的価値はきわめて高い。写真でわかるように、明治初期のこうした庁舎が、武家屋敷のような伝統的な建物をモデルにして作られたのがよくわかる。

二〇〇四年の市町村合併で京丹後市になってしまった久美浜町だが、かつて県が設置されていた歴史を物語るこの建築遺構

参考館（旧久美浜県庁舎玄関棟）　県庁舎の遺構としてきわめて貴重なもので、京都府指定文化財に指定されている。

をモデルとした新たな建築が作られている。北近畿タンゴ鉄道（ＫＴＲ）宮津線の久美浜駅だ。一九九一年に駅舎を改築する際に、残された久美浜県庁舎玄関部分をモデルにしたデザインが採用された。と言っても、こちらの方が規模が格段に大きいし、それにともないデザインの細部も異なる。しかし、「メモリアルゲート久美浜」という愛称がつけられており、久美浜県庁舎をモデルにしていることを喧伝《けんでん》している。駅前の案内板にも、「この地域の魅力を全国に発信しようとするもの」であると説明されていた。

現在も苦しい経営が続く北近畿タンゴ鉄道だが、この久美浜駅と同じ時期に、多くの駅舎が建て替えられた。そして、それぞれに地域の特色を示すデザインが採用されている。しかし、それはヨットであったり、平安朝風であったり、手織機をモデルにしたり、いずれも建築からは離れたデザインで、今では、そのユニークさも色あせてしまった印象はぬぐえない。その中で、この久美浜駅だけが建築をモデルにしていて、その姿は、今でも地域の歴史を担っているように見える。これは、建築が歴史のシンボルとしての役割を示すものだということを、よく示している例だと言えるだろう。

北近畿タンゴ鉄道宮津線の久美浜駅舎　旧久美浜県庁舎玄関棟をモデルにしたもので、「メモリアルゲート久美浜」の愛称で親しまれている。

62 琵琶湖ホテル

琵琶湖に臨んで、写真のような印象深い珍しい建物が建っている。鉄筋コンクリート造の建物なのに、壮麗な桃山御殿風の外観である。これは、琵琶湖ホテルとして昭和九年に建てられたものだ。近年、同ホテルが浜大津に新しい建物を建てて移転したのを機に、大津市が買い取り、補修工事を経て、現在は「びわ湖大津館」として結婚式場やレストランに利用されている。

琵琶湖ホテルは、特別なホテルだった。一九三〇年代当時、政府は外貨収入が赤字へと転化したのを改善すべく、海外からの観光客を増やす国際観光政策を強力に推し進めようとした。その一環として、政府が地方自治体に低利で資金融通をすることで全国に一四の「国際観光ホテル」を建設した。琵琶湖ホテルは、その一つだったのだ。そのために、その設計には当時のわが国を代表する建築家の一人である岡田《おかだ》信一郎《しんいちろう》があたっている（実施設計は弟の岡田捷五郎《しょうごろう》）。

びわ湖大津館　旧琵琶湖ホテルを当時の姿そのままに復元・改修したもの。大津市指定有形文化財。（著者撮影）

昭和初期には、鉄筋コンクリート造の建物に和風の瓦屋根を載せた帝冠様式が流行った。京都では、昭和八年建設の京都市美術館などが典型例である。しかし、琵琶湖ホテルはそれらとまったく別物である。そこに「和」の意匠が採用されたのは、おそらく、欧米人の日本趣味に応えるためだろう。したがって、そこでの和風意匠は、建物全体を覆うものとなり、なおかつ極めて質が高い。岡田信一郎は、歌舞伎座などの設計も手がけ、西洋の様式だけでなく「和」の意匠も自在にこなした建築家だ。どのような様式であっても、その魅力の本質を正確に表現することができた。

「国際観光ホテル」のうち、琵琶湖ホテル以外でいまも残るものは、蒲郡ホテル、川奈ホテル、雲仙観光ホテルなどあまり多くはない。その後、国際的に華々しく脚光を集めることになった観光地も意外に少ない。琵琶湖も、残念ながらそうだ。

びわ湖大津館ロビー　施設内は、結婚式などに使われるホールや会議室、レストランなどとなっている。（著者撮影）

しかし、この建物が立地する琵琶湖の湖畔には、今でも確かにリゾートの雰囲気がただよっている。当時、ここを国際的な保養地としようとした判断は間違っていなかったのだと思う。行政が買い取ったこの建物は、人びとの、場所への思いをそのまま引き継いだものとなっているのかもしれない。

おわりに

最初に京都の近代化に興味をいだいたのは、京都に前近代が残っているようすを見いだしたからだった。もう三〇年も昔の話になるが、西陣地区の建築や都市空間を調べていたときに知り合ったおばあちゃんが、東京はおろか大阪にも行ったことはないし、京都を出たことがないと言うのだ。四条河原町だって京都駅だって、めったに行かないと言う。必要なものならなんでも西陣にあるからだと言う。

また、私が下宿を引っ越すと言うと、それだったら晴明さんに行かなアカンと言う。晴明さんとは、安倍晴明の晴明神社のことだ。まだ安倍晴明がブームになる前だったが、そこで、方位をみてもらい、もし引っ越す方角が悪ければ方違《かたたが》え、つまり荷物をいったん他の場所に移し、悪い方角への移動を回避しなければならないと言われた。西陣ではみなそうしていると。

横浜の郊外住宅地に育った私としては、いったいいつの時代のことかと驚いたが、少なくともそのころの京都には、そうした生活様式は、それほど珍しいものではなかったのだ。つまり、中世的とも言える地域共同体の枠組みの中に閉じられた生活だ。

一方で、京都駅には京都タワーがそびえ、地下鉄も通り、デパートやブランドショップだって軒を並べる。都市として京都は間違いなく近代都市でもある。そうした近代都市の中に、前近代の生活が残されている。これはおもしろいと思った。どうやってその折り合いをつけているだろうかと。

「はじめに」で、本書に集められているエピソードは、ことごとく今の「歴史都市」という位置づけを京都に与えるための努力であったと言ってよいとした。ただし、そのエピソードを子細に検証していくとわかることだが、京都の歴史を顕彰するためには、その歴史に対する自覚や、あるいは自負が必要であった。京都の歴史をまさに体現している人びとは、その歴史に対する絶対的な自信を持っているのである。だから、折り合いをつけることができるのである。一方的な近代化の受容でもないし、拒絶でもない。歴史的に築いてきた自らの生活を、どうしたら近代という時代に適応させていけるのか、そうした問いを常に立ててきたと言えるのである。

もちろん、本書で紹介したエピソードには、住民ではなく為政者や建築家が数多く登場するが、彼らもそうした近代との積極的な折り合いのつけ方を常に課題としてきたと言えそうなのである。だからこそ、京都の近代には、東京などとは異なる近代化の特徴が示されたのである。

西陣のおばあちゃんと出会ってから三〇年以上。京都の近代化に関わるさまざまなことがらを少しずつ調べていく中で、京都という都市が持つそうした特徴がわかってきたのである。本書は、それを一つ一つのエピソードに分け、新聞の連載として紹介したものをまとめたものである。連載は二つの新聞にまたがっている。『京都民報』のものは、二期にわたって掲載してもらったもので、一部を除いてそのほとんどを収録した。もう一つの『産経新聞』のものは、大阪版の夕刊に「建築の記憶力」というタイトルで連載したものだ。ただし、こちらは関西エリアを対象としており、京都以外の地区のエピソードも取り上げているので、その中から京都に関わるものを抜粋し収録してある。

それぞれの掲載年月日は別掲の初出掲載年月日一覧のとおりである。

それぞれの内容は、私が見いだしてきたことがらを中心としているが、もちろん、それを見いだすための基礎的な史実や手がかりには、これまで蓄積されてきた多くの研究者による成果に依っている部分が大きい。京都の歴史研究の中でも、近代史に関わる研究は近年きわめて盛んに行われるようになっており、本書の内容は、その成果を基盤としていると言ってもよいのである。とりわけ、二〇〇〇年から参加させていただいた京都大学人文科学研究所の共同研究「近代京都研究会」と、その発展として二〇〇六年からスタートした「近代古都研究班」の共同研究は、私の京都研究にとってきわめて重要な意味を持つものであった（それぞれの共同研究の成果として『近代京都研究』、『近代日本の歴史都市』〈ともに思文閣出版〉がある）。本書に集められたエピソードが持つ意味は、この共同研究での議論の中で気付かされたものも多いのである。

最後になってしまったが、新聞連載時にはそれぞれの新聞社にはたいへんお世話になった。とりわけ『京都民報』の辻井祐美子さんには、取り上げる対象のアドバイスや調整についていろいろ助けてもらった。写真についても、連載時に担当いただいた横山智隆氏撮影のものを、数多く使わせていただくことができた。また単行本化にあたっては、田中峰人氏にお世話になった。まったくばらばらに書かれた数多い記事を、一つのまとまった本としてこのようにまとめられたのは、彼の手際の良い編集能力のたまものである。これらの人々に、改めてお礼申し上げたい。

中川　理

《初出掲載年月日一覧》

＊①＝「京・歴史都市」、②＝「京都の近代を創りだした場所・人・建築」（以上『京都民報』）、③＝「建築の記憶力」（『産経新聞』大阪本社版夕刊）

＊一部タイトルを改めたものがある。また必要に応じて補訂・加筆を施したほか、掲載図版を差し替えたものがある。

Ⅰ■近代化の舞台となった岡崎

1 近代化を可視化した琵琶湖疏水（①二〇一〇・一・一七）
2 工場用水から日本庭園の水へ（①二〇一〇・一・二四）
3 西洋式洞窟（③二〇〇四・六・二）
4 博覧会を契機として成立した歴史都市（①二〇一〇・一・三一）
5 財閥が彩る住宅文化（①二〇一〇・二・一四）
6 祝意を示す場（②二〇一一・四・二四）

Ⅱ■場所と空間・建築

7 芸術が町を作る（①二〇一〇・四・一八）
8 建築博覧会となった同志社キャンパス（②二〇一一・五・一）
9 スパニッシュと赤銅御殿（②二〇一一・五・二二）
10 御旅町の新様式（新稿）
11 テーマパークだった銭湯（②二〇一一・六・一二）

Ⅲ■歴史と空間・建築

12 公家の街から御苑へ（①二〇一〇・二・二八）
13 小学校が語る町衆の近代（①二〇一〇・三・一四）
14 太鼓楼が伝えた近代（③二〇〇四・七・二一）
15 校舎は町のシンボル（③二〇〇五・三・二三）
16 土地区画整理が作る街（①二〇一〇・四・二五）
17 京電の痕跡（②二〇一一・六・五）

Ⅳ■街に寄り添う様式

18 武徳殿が発信した「国風」（①二〇一〇・二・七）
19 仏教寺院による洋風の受容（新稿）
20 東洋趣味の近代デザイン（②二〇一一・六・二六）
21 スパニッシュの波及（②二〇一一・七・三）
22 銀行建築の威厳（②二〇一一・七・一〇）
23 看板建築（②二〇一一・五・二九）
24 町家の近代化（②二〇一一・七・二四）

Ⅴ■京都モダニズム

25 町中へ拡がる近代（①二〇一〇・三・二八）
26 街を彩ったスクラッチ・タイル（②二〇一一・三・六）
27 古書店に残る「モダニズム」（③二〇〇四・六・二三）
28 逓信省の前衛（②二〇一一・三・一三）

29コンクリートの家(②二〇一一・三・二〇)
30京都モダン(②二〇一一・四・一〇)

Ⅵ■基督教の文化

31キリスト教がやってきた(①二〇一〇・三・七)
32英国がそのまま京都へ(②二〇一一・五・一五)
33米国メリノール会による教会堂建設
(②二〇一一・九・二五)
34木造新技術の教会堂(②二〇一一・九・一八)

Ⅶ■近代を駆け抜けた建築家

35武田五一が仕掛ける意匠(③二〇〇四・九・一)
36武田五一マニアとは(③二〇〇四・九・二二)
37歴史都市にふさわしいデザインとは
(①二〇一〇・四・一一)
38求められる都市デザインの監修者(新稿)
39建築のプロトタイプを作った建築家
(②二〇一一・六・一九)
40台湾総督府技師の橋(新稿)
41二人の土木技師(②二〇一一・一〇・二)
42様式を自在にあやつるヴォーリズ(②二〇一一・一〇・九)
43モダニズムの実践者・富家宏泰(②二〇一一・一〇・一六)

Ⅷ■保存と演出

44東山は禿山だった(①二〇一〇・二・二一)
45都市空間の再編と祝祭空間(①二〇一〇・三・二一)
46都市美の発見(①二〇一〇・四・四)
47橋梁に見る近代デザインの揺れ幅(新稿)
48景観演出としての嵐山の桜(②二〇一一・一〇・二三)
49五山あて(②二〇一一・一一・一三)
50建築保存の発信地(②二〇一一・一〇・三〇)
51歴史を「新築」する(③二〇〇四・四・七)
52近代建築の新たな活用(②二〇一一・一一・六)
53守れるか四条烏丸交差点(③二〇〇四・八・一一)
54保存手法の新たな展開(③二〇〇五・三・二)

Ⅸ■京都周辺のまち

55煉瓦の町によみがえるトンネル(③二〇〇五・一・一九)
56舞鶴煉瓦倉庫(②二〇一一・七・三一)
57ホフマン窯(②二〇一一・八・七)
58師団の街(②二〇一一・八・一四)
59実験住宅(②二〇一一・八・二一)
60畳敷きの教会堂(②二〇一一・八・二八)
61元県庁舎(②二〇一一・九・四)
62琵琶湖ホテル(②二〇一一・九・一一)

＊掲載写真のうち特に明記のないものは横山智隆氏撮影。そのほかは出所を明記した。

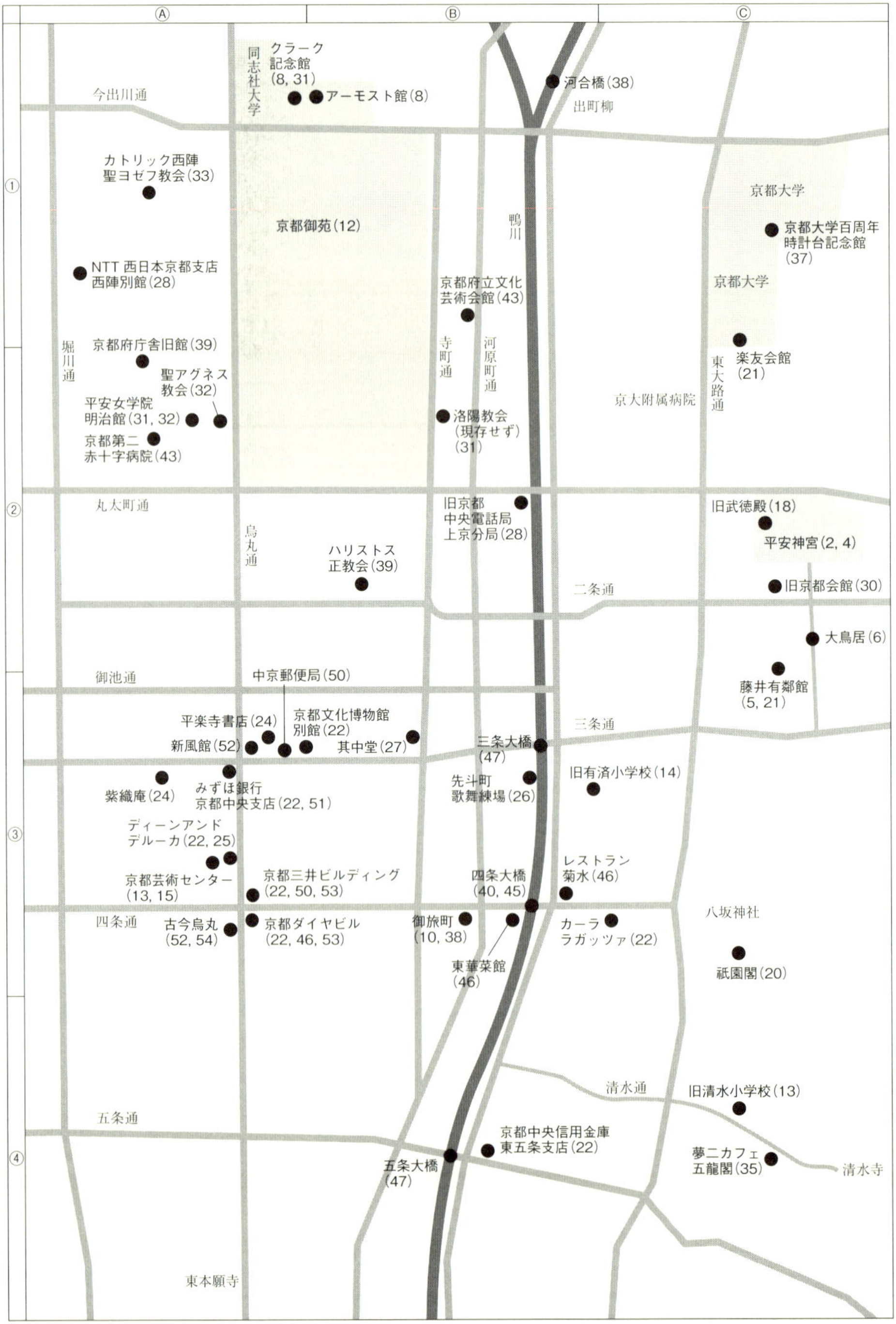
Ⓐ
Ⓑ
Ⓒ
①
②
③
④
同志社大学
クラーク記念館(8, 31)
アーモスト館(8)
河合橋(38)
出町柳
今出川通
カトリック西陣聖ヨゼフ教会(33)
京都御苑(12)
鴨川
京都大学
京都大学百周年時計台記念館(37)
NTT 西日本京都支店西陣別館(28)
京都府立文化芸術会館(43)
京都大学
京都府庁舎旧館(39)
堀川通
寺町通
河原町通
楽友会館(21)
聖アグネス教会(32)
東大路通
京大附属病院
平安女学院明治館(31, 32)
洛陽教会(現存せず)(31)
京都第二赤十字病院(43)
丸太町通
旧京都中央電話局上京分局(28)
旧武徳殿(18)
烏丸通
平安神宮(2, 4)
ハリストス正教会(39)
二条通
旧京都会館(30)
大鳥居(6)
御池通
中京郵便局(50)
藤井有鄰館(5, 21)
平楽寺書店(24)
京都文化博物館別館(22)
三条通
新風館(52)
其中堂(27)
三条大橋(47)
紫織庵(24)
みずほ銀行京都中央支店(22, 51)
先斗町歌舞練場(26)
旧有済小学校(14)
ディーンアンドデルーカ(22, 25)
京都芸術センター(13, 15)
京都三井ビルディング(22, 50, 53)
四条大橋(40, 45)
レストラン菊水(46)
四条通
古今烏丸(52, 54)
京都ダイヤビル(22, 46, 53)
御旅町(10, 38)
カーララガッツァ(22)
八坂神社
東華菜館(46)
祇園閣(20)
清水通
旧清水小学校(13)
五条通
京都中央信用金庫東五条支店(22)
夢二カフェ五龍閣(35)
五条大橋(47)
清水寺
東本願寺

関連地図１■京都市街中心部　　（　）内は本文の番号

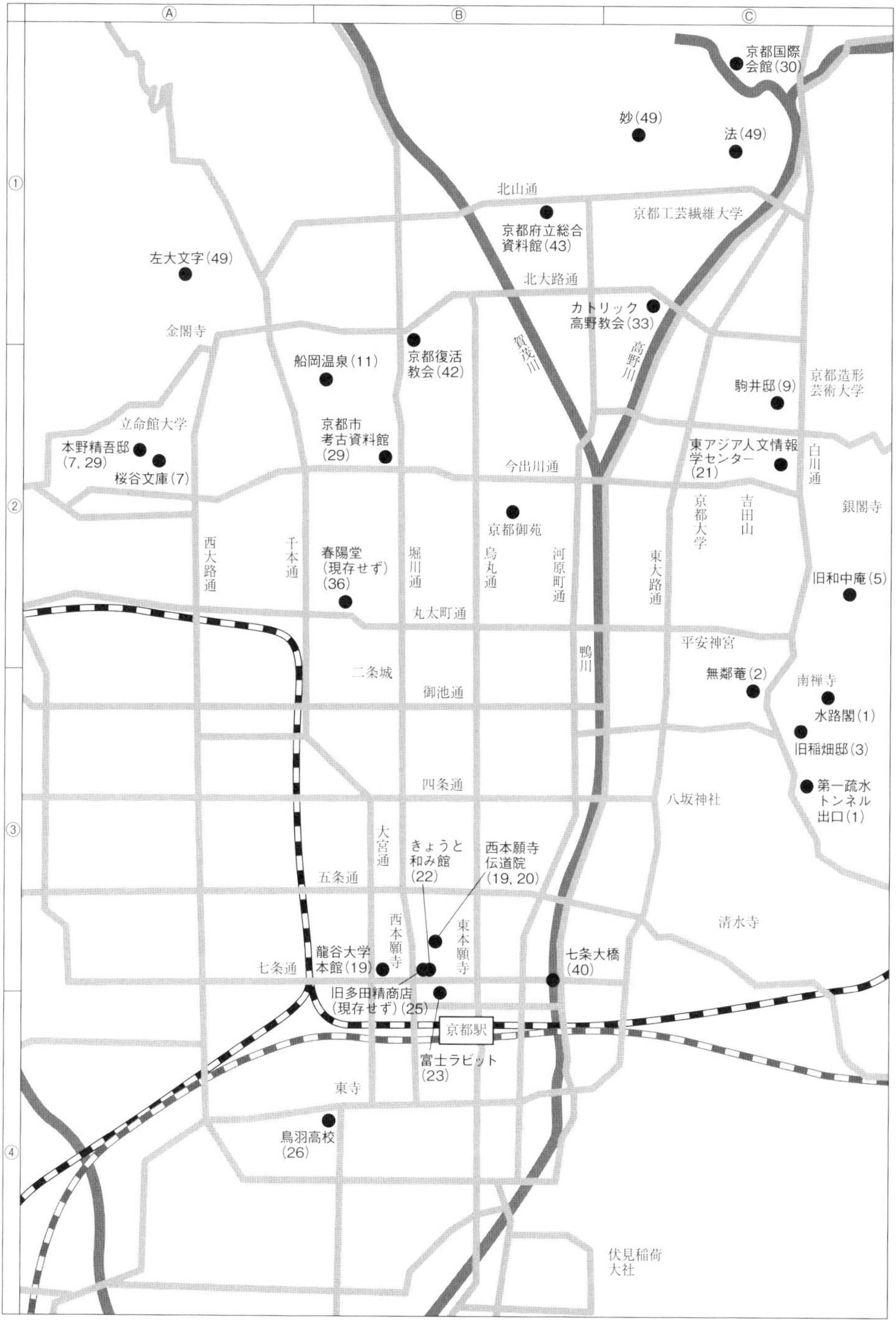
Ⓐ
Ⓑ
Ⓒ
①
②
③
④
京都国際
会館(30)
妙(49)
法(49)
北山通
京都工芸繊維大学
京都府立総合
資料館(43)
左大文字(49)
北大路通
カトリック
高野教会(33)
金閣寺
京都復活
教会(42)
船岡温泉(11)
賀茂川
高野川
京都造形
芸術大学
駒井邸(9)
立命館大学
京都市
考古資料館
(29)
本野精吾邸
(7, 29)
桜谷文庫(7)
今出川通
東アジア人文情報
学センター
(21)
白川通
京都大学
吉田山
銀閣寺
京都御苑
西大路通
千本通
春陽堂
(現存せず)
(36)
堀川通
烏丸通
河原町通
東大路通
旧和中庵(5)
丸太町通
平安神宮
鴨川
二条城
御池通
無鄰庵(2)
南禅寺
水路閣(1)
旧稲畑邸(3)
四条通
八坂神社
第一疏水
トンネル
出口(1)
大宮通
きょうと
和み館
(22)
西本願寺
伝道院
(19, 20)
五条通
清水寺
西本願寺
東本願寺
龍谷大学
本館(19)
七条通
七条大橋
(40)
旧多田精商店
(現存せず)(25)
京都駅
富士ラビット
(23)
東寺
鳥羽高校
(26)
伏見稲荷
大社
関連地図2■京都市街部

Ⓐ
Ⓑ
Ⓒ
①
②
③
④
参考館(旧久美浜県庁舎玄関棟)(61)
久美浜駅舎(61)
宮津
聖ヨハネ
天主堂(60)
ホフマン窯(57)
舞鶴
舞鶴赤れんがパーク(56,57)
北吸トンネル(55)
小浜
福知山
綾部
カトリック丹波教会
園部聖堂(34)
びわ湖
大津館(62)
栗原邸(29)
京都
琵琶湖
亀岡
嵐山(48)
大津
カトリック伏見教会(34)
聖母女学院(48)
カトリック
山科教会
(33)
聴竹居(59)
京都教育
大学(58)
カトリック
田辺教会(34)
神戸
大阪
奈良

関連地図 3 ■京都府広域

場所・建築

＊(　)は地図に対応

索　　引

人

◎著者略歴◎

中川　理（なかがわ・おさむ）

1955年横浜生まれ。1980年京都大学工学部建築学科卒業。
1988年京都大学大学院博士課程修了（建築学専攻）。工学博士。
日本学術振興会特別研究員を経て、1922年京都工芸繊維大学助教授。
2003年京都工芸繊維大学大学院教授（建築学専攻）。
〔主著〕
『重税都市—もうひとつの郊外住宅史』住まいの図書館出版局、1990年。
『京都モダン建築の発見』淡交社、2002年。
『風景学—風景と景観をめぐる歴史と現在』共立出版、2008年。
『京都と近代—せめぎ合う都市空間の歴史』鹿島出版会、2015年。

日本建築学会奨励賞、日本都市計画学会論文奨励賞、日本建築学会教育賞など受賞。

京都《きょうと》 近代《きんだい》の記憶《きおく》——場所《ばしょ》・人《ひと》・建築《けんちく》——

2015（平成27）年９月30日発行

定価：本体2,200円（税別）

著　者　中川　理
発行者　田中　大
発行所　株式会社　思文閣出版
〒605-0089 京都市東山区元町355
電話 075-751-1781（代表）

装　幀　小林　元
印　刷
製　本　株式会社 図書印刷 同朋舎

ISBN978-4-7842-1812-7　C1052

みやこの近代　丸山宏・伊従勉・高木博志編

歴史都市・京都は、実は近現代に大きく変わったまちであった――。京都大学人文科学研究所「近代京都研究会」で論じられたさまざまな分野の具体的な主題をもとに、近代現代の京都の根本問題を見通す視座を形成しようとする試みの85篇。

▶A5判・268頁／本体2,600円（税別）　ISBN978-4-7842-1378-8

近代京都研究　丸山宏・伊従勉・高木博志編

近代の京都には研究対象になる豊富な素材が無尽蔵にある。京都という都市をどのように相対化できるのか、普遍性と特殊性を射程に入れながら、近代史を中心に分野を超えた研究者たちが多数参加し切磋琢磨した共同研究の成果。

▶A5判・628頁／本体9,000円（税別）　ISBN978-4-7842-1413-6

水系都市京都　水インフラと都市拡張　小野芳朗編著

豊富な地下水により「山紫水明」の地とたたえられる京都。しかしその美名とは裏腹に、灌漑・防火用の表流水の欠乏に悩まされつづけた都市であった。近代京都の都市史を水量・水質・水利権に着目して水インフラという視点から論じるとともに、同一水系に属する伏見が一度は独立市制を志しながら京都市へ合併される顛末を明らかにする。

▶A5判・320頁／本体5,400円（税別）　ISBN978-4-7842-1815-8

北垣国道日記「塵海」　塵海研究会編

北垣国道（1836-1916）は、京都府知事に就任した明治14年から、北海道庁長官・拓殖務次官などを経て、隠棲した明治34年までの活動や人びととの交流を日記に書き残した。明治期地方官の実情を記し、京都のみならず中央政府史や地方自治・土木史・北海道史研究に寄与する資料。

▶A5判・648頁／本体9,800円（税別）　ISBN978-4-7842-1499-0

近代日本〈陳列所〉研究　三宅拓也著

〈陳列所〉とは、地方行政府によって建設された公共の陳列施設。これらが、都市の農業・工業・商業を奨励する目的で各地に設置された経緯を検証し、明治から昭和戦前期の日本にあまねく普及した〈陳列所〉の実態を、豊富な図版とともに明らかにする。

▶A5判・640頁／本体7,800円（税別）　ISBN978-4-7842-1788-5

都道府県庁舎　その建築史的考察　石田潤一郎著

明治維新以降、今日まで100件をこえる都道府県庁が建設されてきた。一次史料をもとに同庁舎の歴史的展開を個別にあとづけ、地方行政制度史・地域史の中で位置づけるとともに、図版史料によってその平面計画および立面意匠の具体的な把握も試みる。

▶A5判・448頁／本体8,600円（税別）　ISBN4-7842-0775-9

近代日本と地域振興　京都府の近代　　高久嶺之介著

近代日本の地域社会の姿を、京都府下における、明治前期の京都宮津間車道の開鑿・明治前期～中期にかけての琵琶湖疏水と鴨川運河の開鑿・明治初期～昭和の敗戦直後までの天橋立の保存とその振興・明治初期～昭和の敗戦直後にかけての童仙房村の開拓、という特定のテーマをとりあげ、地域振興の視点から考察する。

▶Ａ５判・364頁／本体6,500円（税別）　　ISBN978-4-7842-1570-6

近代日本の都市社会政策とマイノリティ　歴史都市の社会史　　杉本弘幸著

近代日本の社会政策・社会福祉の受益者である社会的マイノリティはどのように政策形成に関与しようとし、政策に包摂されていったのか。これまで分野史ごとに行われてきた「貧困者」「労働者」への社会政策・社会福祉史研究の動向を打破し、「都市下層社会」を形成したマイノリティに対する政策的対応を統一した視点で論じる。

▶Ａ５判・412頁／本体7,200円（税別）　　ISBN978-4-7842-1789-2

角倉一族とその時代　　森洋久編

了以・素庵による朱印船貿易、高瀬川・保津川・富士川の開削といった現代の角倉イメージにとらわれず、文化・技術の総体の中で近世の吉田・角倉一族の業績を俯瞰的に検討。多彩な分野の研究者・職人・技術者ら26名の論考を収録する。

▶Ａ５判・628頁／本体8,800円（税別）　　ISBN978-4-7842-1797-7

京の鴨川と橋　その歴史と生活　　門脇禎二・朝尾直弘編

歴史都市京都のシンボル的存在である鴨川とそこに架かる橋について、平安京以前から昭和まで、各時代の様子を具体的に明らかにし、人びとの暮らしの中でどのような意味を持っていたかを探る。

▶四六判・250頁／本体2,200円（税別）　　ISBN4-7842-1082-2

京都 伝統工芸の近代　　並木誠士・清水愛子・青木美保子・山田由希代編

京都の「近代」にあって、美術・工芸がどのような変容をとげて現代にいたっているのか。大きく「海外との交流」「伝統と革新」「工芸と絵画」「伝統工芸の場」の視点から、さまざまなトピックスや人物にまつわるエピソードをとりあげ概観する。

▶Ａ５判・300頁／本体2,500円（税別）　　ISBN978-4-7842-1641-3

京都の歴史災害　　吉越昭久・片平博文編

歴史上、京都を襲ったさまざまな災害をとりあげ、地理情報システム（ＧＩＳ）などによる災害範囲や規模の復原、特徴や被害発生の社会的背景の分析、また人びとの取り組みなどを論じる。地理学、歴史学、工学など多様な研究者による論考・コラム25本。

▶Ａ５判・322頁／本体2,300円（税別）　　ISBN978-4-7842-1643-7